Peter Müri

Chaos-Management

Die kreative Führungsphilosophie

WILHELM HEYNE VERLAG
MÜNCHEN

HEYNE SACHBUCH
Nr. 19/61

INHALT

---

2. Teil: Gerüstet ins Chaos

Es ist an der Zeit, daß der Mensch sich
sein Ziel stecke. Es ist an der Zeit, daß der Mensch
den Keim seiner höchsten Hoffnung pflanze.
Es kommt die Zeit, wo der Mensch
nicht mehr den Pfeil seiner Sehnsucht über
den Menschen hinauswirft und die Sehne seines
Bogens verlernt hat zu schwirren!
Ich sage Euch: man muß noch Chaos in
sich haben, um einen tanzenden Stern gebären
zu können. Ich sage Euch: ihr habt noch
Chaos in euch.

Friederich Nietzsche
aus: Also sprach Zarathustra

EINLEITUNG

Chaos macht stark

Chaos und Management sind nach unserem heutigen Sprachverständnis Gegenbegriffe. Management, in einem allgemeinen Sinne verstanden als die Kunst des Umgangs mit dynamischen Sozialsystemen, hat zum Ziel, Chaos mit Ordnungsstrukturen zu bändigen und zu vermeiden. Dabei kommen die Prinzipien zur Anwendung, die seit Jahrhunderten zur Beherrschung der Natur verwendet werden: Erforschung der Ursache-Wirkungs-Beziehungen, Transparenz der Abläufe, gezielte Beeinflussung des Geschehens mit Hilfe von Planung und Programmierung, fortlaufende Verbesserung der Steuerung durch Kontrolle. Die Tüchtigkeit der Steuerungssysteme wird laufend gesteigert durch den Einsatz noch wirksamerer Methoden der Technik und Wissenschaft.

Der Erfolg der Management-Leistung ist weltweit beeindruckend: ein hoher Stand der Technologie mit Transformations- und Transportmöglichkeiten von Materie, Energie und Information in nie gekannten Ausmaßen. (Das dritte Element der materiellen Welt, die Information, steht gegenwärtig im Mittelpunkt eines Entwicklungsschubes und erst am Anfang der vollen Nutzung). Das Ergebnis ist aber andererseits in selbem Maße erschreckend: Ausbeutung der Natur, Umweltzerstörung, Bevölkerungsexplosion, atomare Bedrohung durch den Rüstungswettlauf, politische Stagnation in der Lösung der vordringlichen Weltprobleme. Wir kommen zum zwingenden Schluß, daß wir mit der gängigen Management-Technik die Makro-Probleme unserer Welt nicht im Griff haben.

Führen sozialer Systeme mit wissenschaftlichen Methoden hat offensichtlich seine Grenzen. Ein Vorgehen nach der »Management«-Theorie mit ihrem Glauben an die Strukturierbarkeit und Steuerbarkeit von Systemen kann offenbar Fehlentwicklungen nicht vermeiden und kann das Potential, das zur Lösung der übergreifenden Weltprobleme nötig wäre, nicht frei- und einsetzen. Was für den Globus zutrifft kann in übertragenem Sinn auch für die *kleineren sozialen Einheiten* gelten wie für das Unternehmen, die Organisation oder die Familie. Es läßt sich auch hier feststellen, daß die Grenzen der konventionellen Management-Technik der letzten Jahrzehnte erreicht sind. Was dem Globus noch nicht zugemutet werden darf, können dagegen die kleinen Organisationen leisten: mit neuen Management-Methoden zu experimentieren, ja vielleicht sogar ein neues Management-Verständnis zu gewinnen. Die Spuren dafür sind gezogen. In aller Stille haben sich die Naturwissenschaften ein neues Weltbild zugelegt, das nicht nur auf das Grundprinzip der logischen Ordnung zurückgreift, sondern Ordnungslosigkeit als einen nicht weiter reduzierbaren Zustand wissenschaftlich anerkennt. Mit der Relativitätstheorie hat Einstein als erster das Chaos als neues wissenschaftliches Verständnis eingeführt und damit eine völlig neue Optik von Naturvorgängen geschaffen. In der subatomaren Physik folgte die Unschärferelation von Heisenberg und weitere zahlreiche Forschungsergebnisse, welche mit dem mechanistischen Raum-Zeit-Verständnis nicht begriffen werden können (1).

Dieser tiefgreifende Wandel von jahrhundertealten Wertvorstellungen trifft sich mit einer Philosophie und Ethik, die nicht *eine* Erkenntnislehre und nicht kategorische Imperative verkündet, sondern die Wahl des »richtigen« Weltverständnisses unter einem breiten Angebot jedem einzelnen in seine persönliche Verantwortung gibt und damit ebenso einer Relativierung das Wort redet (2).

Gleichzeitig ergreift ein neues Bewußtsein breite Bevölkerungsschichten, das man mit kultureller Transformation in das Zeitalter des Wassermannes oder als Paradigmawechsel bezeichnet (3).

Diese neue Bewegung des »new age« hat ebenso die Lockerung der bestehenden, kartesianischen, straffen Wert- und Denkordnung zum Inhalt.

Damit geraten wir in eine doppelte Verwirrung. Zum einen schafft die »Wendezeit« als solche wie jede Übergangsepoche Unruhe und Desorientierung. Zum anderen wird Ordnung als *Wert an sich* in Frage gestellt. Aus diesem einleuchtenden

Grunde ist es für unser Zeitalter wichtig, Gegenprinzipien zu kennen und handhaben zu lernen, die nicht Ordnung – wie jede Management-Theorie bis heute – als höchste und absolute einzige Daseinsform anstrebt.

An diesem Angelpunkt wird sich unsere Chaosfähigkeit beweisen müssen. Als eingefleischte Ordnungsfanatiker, die wir aufgrund unserer abendländischen Tradition geworden sind, widerstrebt uns Chaos zutiefst. Völlig chaosungewohnt und chaosängstlich, entsteht für die Führenden in unserer Kultur Chaos bereits, wenn bestehende Ordnungen nur geringfügig ver-rückt werden. Aufgeklärt und wissend, wie wir sind, ertragen wir Orientierungsverlust und Unsicherheit schlecht.

Die Wertsetzungen bezüglich Chaos und Ordnung als zwei polare Lebensprinzipien sind zudem eindeutig. Ordnung ist gut, Chaos ist schlecht. Seit früher Kindheit haben wir gelernt, die Dinge in Ordnung zu halten, das Leben in geordnete Bahnen zu bringen. Gesetz und Ordnung formten die ersten Denkschritte. Denken spielte sich von da ab immer in logischen Ordnungskategorien ab. Daß Naturvorgänge prinzipiell nach ehernen Gesetzen ablaufen, wurde uns spätestens in der Schule eingehämmert. Im Erwachsenenleben setzte sich das Wertbild der Ordnung im geordneten Staatsleben, im Militär und im Beruf fort. Wer Ordnungen auflösen will, ohne gleich eine neue anzubieten, wird als hoffnungsloser Chaot abgestempelt. Ein Ausbrechen aus der Ordnung ist allenfalls als Witz, als Satire oder in der Kunst noch zulässig.

Unsere Ordnungsliebe sitzt aber noch tiefer. Zunächst ist menschliches Denken, soweit es sich sprachlich artikuliert, ursprünglich geordnet. Jede Sprache selbst stellt ein logisches Ordnungssystem dar. Dementsprechend tendiert sprachliches Denken zu festen Strukturen, das heißt, zu klarem Wissen und logischen Urteilen. Wie uns die Hirnforscher und Verhaltenswissenschafter lehren, ist Ordnung nicht nur ein Wahrnehmungs- und Verarbeitungsprinzip des Menschen, sondern das Bedürfnis nach Ordnung und damit nach Sicherheit ist ein stammesgeschichtlich alter Antrieb, so daß der Mensch seit eh und je nach einer festen Ordnung, nach einer in sich geschlossenen Theorie und nach einer handlungsanweisenden Gesetzestafel verlangt. Und es ist zu fragen, ob wir uns *gegen* die menschliche Natur wenden, wenn wir diesem Urbedürfnis nach Struktur und Dogma nicht Rechnung tragen wollen.

Das gleiche menschliche Grundbedürfnis nach Halt und Sicherheit im Denken und Handeln hat der Menschheit andererseits viel Unheil und Schaden gebracht. Wenn etwas die Menschheit gebeutelt hat, dann der zerstörerische Kampf um die »richtige« Ideologie, dem wir die meisten Kriege und Zerstörungen in der Menschheitsgeschichte zu verdanken haben. Hier stoßen wir auf einen fundamentalen Irrtum. Nicht das Chaos, sondern die starre Ordnung in Form von Ideologien, Religionen, Weltanschauungen verursacht Kriege. Und nicht das Festhalten an Dogmen und Lehren hat die Welt weitergebracht, sondern der Wandel wie zum Beispiel die kopernikanische Wende, mit der das gott- und erdzentrierte Weltbild durch ein mensch- und sonnenzentriertes abgelöst worden ist. Entwicklungssprünge lösen zwingend bestehende Strukturen und Steuerungsformen auf. Dieser Vorgang ist *kategorial* und macht klar, daß wir zwar immer ein unstillbares Bedürfnis nach Ordnung und Sicherheit haben werden, daß wir aber nie den Zustand voller Ordnung und Sicherheit realisieren können, da wir als lebende Menschen immer in Entwicklung begriffen sind.

Deshalb gehört das Chaos ebenso zum Leben wie die Ordnung. Festgefügtes Wissen als Theorie oder Ideologie ist ebenso bedeutsam wie das Wissen und die Theorien durch Lernen zu erneuern. Denn nie werden wir ein sicheres Wissen besitzen (4). Besäßen wir die absolute Wahrheit, wären die Weltprobleme gelöst.

Die Einladung zum Chaos-Management hat zum Ziel, in der Flexibilisierung bestehender Ordnungen unbeschwerter zu werden und sich im Freimachen von entwicklungshemmenden Korsetts zu trainieren. Vermutlich wird dieses ungewöhnliche Vorhaben gegen das tief sitzende Ordnungsbedürfnis wenig Begeisterung auslösen. Führen mit Chaos steht dem Führungs-Grundprinzip der Zielvorgabe, der Aktivierung in die vorgegebene Richtung und des rationellen Kräfteeinsatzes diametral entgegen. Chaos würde Freiland schaffen, wo sich

Potential ungehindert und ziellos entfalten kann. Und Freiland steht im Management in Verruf. Denn dies würde bedeuten, daß es seine Zügel aus der Hand gibt und einen Laissez-faire-laissez-aller-Stil pflegt, der angeblich einer Selbstsabotage gleichkommt. Relativ freie und ungesteuerte Selbstentwicklung ist in geordneten Organisationen unerwünscht.

Damit wird aber, dies ist sich die heutige Führungselite noch zu wenig bewußt, eine Quelle von Innovationskraft zugeschüttet. Kreativität des einzelnen und Innovationen im Unternehmen, die heute überall lauthals gefordert werden, können nicht wachsen und gedeihen. Nur wenn bestehende Ordnungen hinterfragt werden, nur wo Systeme umgestaltet und Werte verschoben werden, regt sich Schöpferisches. Im Chaos des Umbruchs entfaltet sich menschliches Potential wie schon immer in der Menschheitsgeschichte.

Das vorliegende Buch ist keine Predigt für das Chaos und keine Rechtfertigung der Chaoten dieser Welt. Es will jedoch bewußt machen, daß wir ständig mitten im Chaos leben, ohne es wahrzunehmen. Denn unsere Ordnungsbrillen blenden das Ungeordnete aus. Was bekanntlich unsichtbar und unbewußt bleibt, kann nicht konstruktiv genutzt werden.

In einem Zeitalter, wo Vorsicht zur höheren Tugend geworden ist, müssen wir ausziehen, »um das Fürchten zu lernen«. Wie im gleichnamigen Märchen wird dabei nichts Neues erfunden, sondern eine alte Erlebnisqualität neu erworben. Mut zur Furcht vor dem »Nichts«, das wir fälschlicherweise hinter der Ordnung vermuten, kann verschlossene Dimensionen des Lebens öffnen. Was diese Dimension ist, wissen wir nicht. Dieses Nichtwissen, das der Auflösung der Ordnung folgt, nennen wir Chaos. Die Überraschung dabei gehört zum Leben wie die Ordnung. Die Überraschungsbereitschaft ist uns jedoch leider im Laufe der letzten Jahrhunderte durch das Vorherrschen der Machbarkeits-Gläubigkeit als reale Möglichkeit etwas abhanden gekommen.

Das Buch beschäftigt sich mit dem Chaos lebender Human-Systeme, also mit dem chaotischen Menschen, dem Chaos zwischen Menschen, dem Chaos in Organisationen. Das Chaos beginnt, wenn sich Wertordnungen auflösen und neue

Horizonte auftun. Ob die Störung gering oder groß, das Durcheinander überblickbar oder verwickelt ist, das heißt, welcher Grad an Durcheinander entsteht, soll nicht von Bedeutung sein. Chaotisch ist grundsätzlich jeder Übergang zwischen einer alten und neuen Ordnung. Damit ist auch ein für allemal klargestellt, daß Chaos in keiner Weise als Endzustand angestrebt wird.

Da in unserer Welt unendlich viele Wert-Ordnungen bestehen, die alle den Anspruch auf absolute Richtigkeit erheben, nimmt das Chaos als Auflöseerscheinung dieser Ordnungen ebenso vielfältigen Verlauf an. Außerdem ist der Beginn des Chaos ein subjektives Moment. Für den einen bedeutet es Chaos, wenn der andere sich noch immer in der Ordnung befindet. Trotz dieser individuellen Fülle lassen sich kulturelle Grenzen ziehen, die epochaltypisch sind. Hier kann für eine Allgemeinheit aufgezeigt werden, was das Chaos ist und wie man mit ihm umgeht.

Dieses Buch möchte dazu Material liefern. Es erhebt nicht den Anspruch, eine neue Management-Theorie zu etablieren. Es will nur Impulse vermitteln, sich selbst mit dem Chaos auseinanderzusetzen und Chaos zu wagen. Dementsprechend folgt es nicht einer wissenschaftlichen Systematik, sondern vermittelt Blitzlichter aus der persönlichen Chaos-Management-Praxis.

Damit der Leser zur Auseinandersetzung aktiviert wird, sind eine Anzahl Tests zur Selbstprüfung eingestreut (am Schluß des ersten Teils und nach den Kapiteln sechs bis zehn über die Instrumente des Chaos-Managements). Die Fragebogen sind nicht testologisch geprüft, sondern als spielerische Auflockerung gedacht, die möglicherweise mehr Verständnis wecken als das Konsumieren der dargestellten Gedanken.

Wenn der Leser entdeckt hat, daß Chaos nicht Anti-Ordnung, sondern Freiheit bedeutet, und wenn er im Chaos erfahren hat, wieviel konstruktive Kräfte daraus zu schöpfen sind, ist mehr gewonnen, als sich der Autor wünschen kann. So oder so ist ein weiteres Steinchen im Mosaik auf dem Weg in ein neues Zeitalter gelegt, zu dem gegenwärtig an anderen Orten noch viele andere, jeder an seinem Platz, auf seine Weise, beitragen.

1. TEIL

IST CHAOS GEFÄHRLICH?

Test zur Selbstprüfung am Schluß des 1. Teils nach dem
sechsten Kapitel
(Sind Sie ein Chaos-Manager?)

1. CHAOS IN DER NATUR

Chaos – eine selbstverständliche Naturerscheinung

Gemäß dem griechischen Weltbild ist Chaos der Urstoff, die noch unausgebildete Schöpfungsmasse, aus dem die Welt entsteht. In diesen ursprünglichen Sinn ist der Begriff Chaos wieder zu setzen.

Nicht von ungefähr erhält er um die Jahre 1700 eine andere Bedeutung: Unordnung, Gewirr, Wirrsal. Dies ausgerechnet im gleichen Jahrhundert, in dem Newton (1643–1727) die Gesetze der Gravitation entdeckte und bewies, daß Naturvorgänge in Raum und Zeit streng gesetzlich ablaufen. Seither hat sich eingebürgert, als chaotisch zu bezeichnen, was als Naturerscheinung nicht »naturwissenschaftlich« erklärbar und deshalb nicht wissenschaftswürdig ist. Schon vorgängig hatte der Philosoph Descartes (1596–1650) den Boden für diese Auffassung vorbereitet, indem er die physikalische Gegenstandswelt (res extensa) vom menschlichen Geist (res cogitans) scharf unterschied und die materielle Welt zum Artefakt erhob, der quantitativ untersucht und mit Hilfe rationalistisch-mechanistischer Gesichtspunkte verstanden werden muß. Dadurch, daß der Mensch in Gegenposition zur Natur gebracht wurde, konnte die ganze moderne Technik entstehen, mit der erst eine durchgreifende Naturbeherrschung möglich wurde. Verständlicherweise bleibt in einer solchen Betrachtungsweise Ungesetzliches, sofern es in der materiellen Welt überhaupt auftaucht, außerhalb, jenseits der Physik (Metaphysik).

Der Siegeszug des rationalistisch-mechanistischen Weltbildes hat jedoch auch vor dem Geist (res cogitans) nicht Halt gemacht und vor allem das Leibseelische in die Welt der Mechanik hineingezogen. So ist denn das Leben nach den physikalischen Gesetzen der Natur erforscht worden, auch wenn sich immer wieder Gelehrte, wie zum Beispiel Goethe, gegen die Ordnungswut der Naturwissenschafter gewehrt haben. Noch heute zehren wir an den Folgen zweier gegensätzlicher Welten, der gesetzlichen, die von den Wissenschaften behändigt wird, und der ungesetzlichen, die der Kunst und Kultur überlassen ist.

Diese Kluft erklärt, warum in den Wissenschaften das Chaotische so lange keinen Platz gefunden hat. Erst der Nachweis, daß die Urmutter der rationalen Wissenschaften, die Mathematik, auf unlösbare Aufgaben stößt (5), hat die Türe geöffnet. Mittlerweile, nachdem die Physiker von »Wahrscheinlichkeitsfeldern«, »Wolken«, »Paradoxa« sprechen und damit die »Fundamente der Naturwissenschaft in Bewegung geraten sind« (6), sind Zufallssprünge und Turbulenzen in der »ausgedehnten« Welt Descartes nicht mehr Tabu, sondern Forschungs-Gegenstand. Plötzlich wird eine Menge von chaotischen Vorgängen sichtbar, so daß der Forscher J. Ford vom Georgia Institute of Technology behauptet: »Nichtchaotische Systeme sind so selten wie Hühner mit Zähnen« (7).

Und in der Tat, wir müssen nicht weit suchen, um in allernächster Nähe die Unordnung der Natur neu zu entdecken:
- das nicht vorhersagbare, rätselhaft wechselnde Wetter.
- das plötzliche Hereinbrechen von Naturgewalten.
- der zufällige Verlauf der Kugel im Glücksspiel.
- das unregelmäßige, sprunghafte Wachstum von Pflanze, Tier und Mensch.

16

Alle diese Phänomene können in großer Zahl wiederum statistische Gesetzmäßigkeiten annehmen, sind aber im Einzelfall Merkmale der »unordentlichen« Natur, wie auch die folgenden physikalischen Erscheinungen, die lange Zeit als lästig und undisziplinierbar galten, heute aber das Interesse der Chaosforscher wecken:

- unklärbare, plötzliche Bildung von Wirbeln in einem Fluß.
- die formlose Auflösung von Rauchschwaden oder Wolkengebilden.
- die wirblige Luftströmung hinter einem schnellfahrenden Fahrzeug.
- unregelmäßig schwankende Insektenpopulationen usf.

Der menschliche Leib, bislang naturwissenschaftliches Untersuchungsobjekt, durfte ebensowenig wie die übrige Materie Chaosmentalität besitzen. Wenn sich der menschliche Körper unordentlich gebärdete, so mußte das an der querschlagenden Seele liegen. Das wissenschaftliche Bemühen der Seelenforscher am Anfang dieses Jahrhunderts bestand darin, das Chaos der Seele durch Kausalitätsbezüge zu lichten und damit wissenschaftsfähig zu machen. Heute ist die Medizin daran, sich etwas auf das Chaos der Leib-Seele-Einheit einzulassen, auch wenn wir noch an den Folgen der Gesundheitsfürsorge leiden, die nach kartesianischem Muster Körperheilkunde und Seelenheilkunde trennt und Krankheiten als Defekt der Körpermaschine behandelt.

Es ist anzunehmen, daß mit zunehmendem Chaosbewußtsein die Brücken zwischen Materie und Geist geschlagen werden. Mit zunehmender interdisziplinärer und ganzheitlicher Erfassung der Phänomene werden alte, nur teilweise gültige Ordnungen überholt werden müssen, was unweigerlich Chaosprozesse in Gang setzt. Es ist vorauszusehen, daß neue Begriffe das Chaos wieder in Ordnungen einbinden werden, die aber nicht aus dem atomistischen Weltbild eines Newton bezogen sein können. Interessanterweise rückt dieselbe Physik, die jahrhundertelang Chaosphänomene in den Schatten stellte, plötzlich mit einer Reihe alltäglicher Unregelmäßigkeiten heraus, die nicht kausalgesetzlich erklärt werden können:

- Ein Planet, der einem Sonnensystem mit zwei Sonnen ange-
  hört, vollführt komplizierte Bewegungen, die mathematisch
  nicht vorausberechnet werden können und nicht den Gesetzen der Himmelsmechanik nachkommen.
- Eine Stahlkugel, die senkrecht auf eine Rasierklinge fällt,
  kann in die eine oder andere Richtung abgelenkt werden
  nach dem »Zufallsprinzip«.
- Eine Feder, in der Mitte zwischen zwei Magneten aufge-
  spannt, kann wirr bald auf die eine, bald auf die andere Seite
  schnellen.
- Wird das Bild eines Bildschirmes auf Video aufgenommen
  und das mehrmals wiederholt, entsteht ein chaotisches Bild,
  das zwar einen Rhythmus hat, jedoch keiner Gesetzmäßigkeit gehorcht.

Es ist zu hoffen, daß ähnliche Erscheinungen nicht mehr in
eine mechanistische Erklärung gezwängt werden müssen, sondern als irreversible, nicht weiter zerlegbare Prozesse behandelt werden, wie wir sie aus der lebenden Welt von jeher
kennen.

Chaos – die normale Durchgangsstation im Wachstum

Während Chaos in der gegenständlichen Welt einen unerhörten Einbruch in das Weltbild bedeutet, wird lebenden Systemen eher Chaos zugestanden. Besonderes Merkmal lebender
Systeme ist ihre irreversible Entwicklung. Deshalb können
Lebewesen, auch wenn dies die Naturwissenschaft erst neuerdings zugibt, nicht streng wissenschaftlich untersucht werden,
da die perfekte Wiederholung des ständig in der Zeit voran-
schreitenden Lebens undenkbar ist.
Deshalb ist Instabilität und Unvorhersehbarkeit – in der
menschlichen Entwicklung zum Beispiel – weitgehend tole-
riert worden, wenn auch nur halbwegs und verbunden mit dem
steten Versuch, Entwicklungsprozesse zu systematisieren.
Diese Generalisierung gelingt zweifelsohne im Sinne einer
Wahrscheinlichkeitsannahme bei einer großen Population,
was aber nichts an der Tatsache ändert, daß jeder Entwick-
lungsablauf seine einmalige und eigenartige Verlaufsform hat.

18

Im Bemühen um Ordnung und Systematik werden in der Entwicklung von Mensch und Gesellschaft Chaosphänomene allgemein als unerwünschte Störungen und nicht als natürliche Abweichungen aufgefaßt, was sich heute noch in unserer Auffassung von Kindererziehung widerspiegelt. Das Chaos beim Übergang auf eine neue Entwicklungsstufe ist uns lästig und wird ungern als Normalerscheinung zur Kenntnis genommen, weshalb die Turbulenz oft unterdrückt wird. Die Folgen sind stagnierende Entwicklung oder Rückkehr auf eine frühere Entwicklungsstufe, was dann allerdings ein destruktives Chaos hervorruft, während das Gewährenlassen des Übergangschaos' konstruktiv die neue Phase einleitet. Die Verhinderung des Chaos als normale Wachstumserscheinung läßt sich in vielen Lebensgebieten nachweisen:

Die verhinderte Pubertät

In der Vorpubertät kündigt sich durch Radaumacherei, Schlampigkeit und Trotzreaktionen die Ablösung aus der Kindheit an. Viele Eltern sind über dieses hereinbrechende Chaos desorientiert. Nachdem das Kind jahrelang ein fleißiger und gehorsamer Schüler war, wird es nun faul, auflüpfisch und frech. Wenn die Eltern versuchen, rasch die alte Ordnung herzustellen indem sie den Handlungsspielraum des Kindes drastisch einschränken, entsteht eine noch größere »Unordnung« in der ganzen Familie. Außerdem wird die Pubertät hinausgezögert. Wenn aber dem chaotischen Verhalten des Vorpubertierenden genügend Raum gelassen wird, durchläuft er diese Phase ohne Schaden für sich und die Familie.

Die zwanghafte Ausdehnung der Pionierphase in Unternehmen

In der Hochkonjunktur gerieten zahlreiche Unternehmen, die in der ersten Hälfte dieses Jahrhunderts gegründet wurden, in eine Expansionsphase, welche das innere Gleichgewicht der Organisationen störte und eine neue Form von Führung verlangte. Die Gründer versuchten sich gegen die Auflösung der alten Ordnung zu sperren und die Pionierführung aus Angst vor der Unsteuerbarkeit des Unternehmens möglichst lange hinauszuziehen. Die Vermeidung des Übergangs-Chaos erhöhte den Veränderungsdruck und verstärkte das sich aufschaukelnde Ungleichgewicht. Der Unternehmer, welcher den Veränderungsdruck mit Gegendruck abwürgte und damit die nächste Phase der Unternehmensentwicklung hinausschob, mußte bitter erfahren, daß die Unternehmensentwicklung stagnierte oder das destruktive Losbrechen zurückgehaltener, aufgestauter Energien das Überleben gefährdete.

Die Unterdrückung des Rollenwandels der Frau

Die Rolle der Frau hat sich in unserer Gesellschaft in den letzten zwanzig Jahren wie nie zuvor verändert. Alte, geheiligte Werte wie der pater familias, die Frau am Herd, Männervorherrschaft in der Politik und Wirtschaft werden erschüttert. Desorientierung, Unsicherheit, d. h. das Chaos verbreitet sich. Auf dem Weg zu einer neuen Struktur gerät die alte Familienordnung in Auflösung. Einige Politiker setzen diese Chaoserscheinung dem Untergang gleich und rufen die Frau in die alte Ordnung zurück. Damit kann aber die in Gang gekommene Umwertung nicht aufgehalten werden, vielmehr wird die Vermeidungstendenz zur Quelle einer noch gefährlicheren Verunsicherung.

Die Chaosbekämpfung bei technischen Neuerungen

Wer bei Einführungen der elektronischen Datenverarbeitung in Organisationen mitgewirkt hat, kennt die panische Angst vor dem Zusammenbruch des Systems in der Übergangsphase. Obwohl heute diese Abläufe optimiert werden können, bleibt ein Rest von Chaos, zum mindesten für jene, die sich auf die neuen Apparaturen um- und einzustellen haben. Vor allem, wenn der Computer nicht bisherige Arbeiten ersetzt, sondern neue Verarbeitungsformen entwickelt, werden Turbulenzen unvermeidbar. Wer sie einkalkuliert und sich ihnen aussetzt, wird sie auch rascher und leichter überwinden als derjenige, der sich aus Widerstand mit einengenden Ordnungsprinzipien absichert.

Chaos ist also ein normales Merkmal in Entwicklungsprozessen sich selbst steuernder, sozialer Systeme. Instabilität ist der

Preis für einen Entwicklungssprung. Er ist, wie sich jeder leicht vergewissern kann, immer zu zahlen, wenn Veränderungen vor der Tür stehen:

- beim Aneignen von neuem Wissen und Können.
- bei Umgewöhnungen im Denken und Handeln.
- bei der Absetzung alter und Bildung neuer Werte.
- bei revolutionärem Wandel von Strukturen, Normen, Gesetzen, Tabus usf.
- bei Auflösung und grundlegender Umstrukturierung oder Verlegung von Familien, Institutionen und Organisationen.
- in Notlagen, unter Streß, in Engpässen, die eine rasche Anpassung erfordern, die ein grundlegendes Umstellen bedeuten.
- bei Verlust geliebter Personen, Verlust von Heimat, von Hab und Gut.
- bei Entbehrungen, Frustrationen, unvorbereiteten Verzichtleistungen usf.

Natürlich wird die Übergangsphase in organischen Entwicklungen nicht mit dem Begriff Chaos apostrophiert, sondern harmloser als Revolution in der Evolution, als Wechsel der Zeiten, als Wandel und Fortschritt deklariert. Das mindert jedoch die Qualität des chaotischen Erlebens im Übergang nicht. Gerade weil das Widerliche der Veränderung Hemmschuh für notwendige Entwicklung sein kann, weil es zu leicht und zu gerne verdrängt wird, soll es mit einem redlichen Titel bedacht werden.

Chaos – Folge minimaler Veränderungen

Da Chaos das Gegenstück zur mechanistisch verstandenen Natur bildet, läßt es sich auch nicht in eine Kausalkette einreihen. Zwar wird immer wieder versucht, den Anfangspunkt einer chaotischen Entwicklung ausfindig zu machen, in der Meinung, dann einen Bewegungsgrund zu kennen, der zur Prophylaxe des nächsten Chaos benutzt werden kann. Dieser Rückfall in die alte Machbarkeits-Theorie kann vermieden werden, wenn man sich klarmacht, daß die Weltgeschichte nie eine Ursache, nie nur einen Grund oder einen Auslöser für eine Wende verantwortlich machen kann.

Bei einer ganzheitlichen, systemtheoretischen Betrachtungsweise von Naturgeschehen stellt man heute fest, daß geringe Veränderungen eine disproportionale Entwicklung auslösen können, die (einstweilen) außerhalb jeder naturwissenschaftlichen Logik steht. Jeder kennt aus seinen persönlichen Erfahrungen eine Fülle von Ereignissen, die zunächst unerklärbar eintreten, nachträglich hypothetisch auf geringe Instabilitäten zurückgeführt werden:

- Im flüssigen Straßenverkehr entsteht durch eine minimale Stockung plötzlich ein unverhältnismäßiger Stau.
- Ein aufschreiender Mensch in einer Menschenmenge versetzt die ganze Masse in Panik.
- Eine kleine Umstellung im Tagesablauf wirft umfassende Projekte über den Haufen.
- Das Fehlen eines Strohhalmes für den Nestbau, stürzt den Vogel in eine komplette Verwirrung, so daß sein Instinktverhalten einen »Übersprung« zu einem falschen Automatismus macht.
- Die Aussetzung eines hohen Betrages zur Renovation eines Kulturgebäudes entfacht Straßenschlachten, bei denen das ursprüngliche Ziel völlig aus den Augen verloren wird.

Ein kaum bemerkter, geringfügiger Einfluß stößt ein labiles Gleichgewicht ins massive Ungleichgewicht, so daß die bestehende Ordnung verrückt spielt und einen »Umsturz« einleitet. Mit dieser Chaoswahrscheinlichkeit ist in allen Lebensbereichen zu rechnen, wahrscheinlich sogar in der Gegenstandswelt. Wichtiger als die Verifikation der tatsächlichen Ursache für die Bewältigung der Chaosangst ist die Akzeptation der Unvorhersehbarkeit und Unberechenbarkeit des Eintrittes. Chaos läßt sich nicht programmieren. Oft ist es da, bevor man es erwartet. Will man es künstlich produzieren, stellt es sich nicht ein, weil die Ordungsstrukturen nicht am wunden Punkt getroffen sind.

Man kann deshalb behaupten, daß Evolutionen ihre eigene paradoxe und irrationale Entwicklungslogik haben, die sich außerhalb des Raum-, Zeit- und Kausalitätsbegriffes bewegt. Sie hat womöglich ihren eigenen »Geist«, das heißt ein Selbststeuerungsprinzip, das wir nicht durchschauen und das unserem Bewußtsein entzogen ist. Auf jeden Fall ist anzunehmen, daß die Entwicklungsdynamik, die Chaos produziert, nicht nur auf äußere Einflüsse reagiert, sondern auch eigendynamisch agiert, wie dies bei lebenden Systemen immer der Fall ist (8).

Chaos – überall und jederzeit

Chaos bedeutet im Griechischen: der leere Raum, als der erstvorhandene. Chaos als Erstes und Letztes ist nach griechischer Auffassung dem Nichts, der gähnenden Leere (chaos kommt von chaino = gähnen) gleichzusetzen. Es entsteht, wenn ausgeräumt wird, was existiert.

In der Tat entstehen in chaotischen Prozessen »Leerfelder«. Sie sind daran erkenntlich, daß geräumt wird, was den Raum bestückt, handelt es sich nun um einen physischen oder gedanklichen Raum. So gerät in gedankliche Leere, wer geistige Ordnungen aufbricht. Wer im übertragenen Sinne ein Haus neu aufbauen will, muß das alte zuerst abtragen. Zwischendurch steht er vor einem leeren Feld.

Der Mensch jedoch erträgt die Leere äußerst schlecht, da sich sofort der stammesgeschichtliche alte Betätigungsdrang meldet. Insbesondere der moderne Mensch entflieht der inneren Leere durch Betriebsamkeit, obwohl gerade aus der gedanklichen »Leere« schöpferisches Tun entspringt.

Auch im Zeiterleben stehen Leerzeit und Chaos in Zusammenhang. Nur in einer offenen Zeit wächst Chaos, wenn das quantitative Zeiterleben abtritt und das qualitative einzieht, das nicht vorwärts oder rückwärts gewendet nach Inhalten jagt, sondern konkret zuläßt, was sich hier und jetzt anmeldet.

So können denn Raumlosigkeit und Zeitlosigkeit, oder genauer gesagt, Raumleere und Zeitleere am Anfang einer Chaosentwicklung stehen und sie – wie wir leicht aus der Selbsterfahrung wissen – begünstigen. Damit eröffnet das Chaos nicht nur die Schöpfung der Welt, sondern *jede* geistige Schöpfung. Wie in jeder Schöpfung entsteigt das Neue aus dem leeren Raum oder der leeren Zeit, das heißt aus dem *Nichts*. Hier wird im anthropologischen Sinne verständlich, warum Chaos und die anschließende Neuschöpfung voller Furcht gemieden wird. Im Talmud wird Schöpfung aus dem Nichts als ein mehrfaches Bemühen in der Bewältigung des Chaos beschrieben, in das der Mensch bei jeder Neuwerdung unweigerlich wieder geworfen wird:

»Sechsundzwanzig Versuche gingen der gegenwärtigen Schöpfung voraus, und sie waren alle zum Scheitern verurteilt. Die Welt des Menschen ist mitten aus dem Chaos der zurückgebliebenen Trümmer hervorgegangen, doch besitzt der Mensch deshalb keinen Garantieschein: Auch er ist dem Risiko des Scheiterns und der Rückkehr ins Nichts ausgesetzt. Möge es gelingen, rief Gott aus, als er die Welt schuf. Diese Hoffnung, welche die weitere Geschichte der Welt und der Menschheit begleitet, hat von Anfang an klargemacht, daß der Weltlauf von radikaler Unsicherheit gekennzeichnet ist.«(9)

Wohin wir schauen, Chaos gewinnt je länger je mehr den Charakter einer normalen und natürlichen Erscheinung. Es gibt offensichtlich kein belebtes und unbelebtes System, das gleichförmig und in bezug auf mögliche Störungen stabil wäre. Stillstand heißt Geschichtslosigkeit und ist daher unvorstellbar. »Alles fließt«, behauptet schon Heraklit. Das Weltall ist in ewiger Umwälzung begriffen. Was bleibt, ist die Bewegung, das Geschehen und Werden selbst. Zu ihm gehört immanent das Chaos, denn jedes Werden bedeutet Absterben des Alten und Aufbau von Neuem.
Wir erleben gegenwärtig eine Renaissance des Denkens in Prozessen. Leben spielt sich darnach nicht in linearen Vorgängen ab, sondern in zirkulären Prozessen, denen chaotische Schwankungen und Wendepunkte eigen sind. Chaos nimmt in einem derartigen prozeß- und systemorientierten Entwicklungsverständnis einen unausrottbaren Platz ein, nicht nur als erlebte Störung, sondern als wertvolles Signal für Aufbruch zu Neuem, für Verzweigungspunkte von Entwicklungen, als notwendige Vorbereitung für die Umwandlung eines Systems und somit als Quelle von sich entwickelndem Leben.

2. Chaos im Menschen

Die Urangst vor dem Chaos im Menschen

Wo wir in unserer abendländischen Kultur hinschauen, sind die Wertigkeiten gleichgesetzt: Das Undurchsichtige, Überraschende, Rätselhafte, Dämonische wird verurteilt; Sitte, Zucht, die Einhaltung von Norm und Konvention gelobt. Artig, lieb und nett gilt, wer sich an die herrschende Ordnung hält (Abel-Prinzip). Gefährlich und destruktiv gilt, wer aus dieser Ordnung ausbricht (Kains-Prinzip).

In der menschlichen Natur biologisch verankert ist zweifellos das Bedürfnis nach Norm und nach der durch Normen vermittelten Sicherheit. In Zweifel zu ziehen ist jedoch die Annahme, daß die Hochhaltung der rationalen Kontrolle, welche die Grundlage unseres Ordnungsdenkens bildet, genuin dem Menschen eingewachsen ist, kennen wir doch Zeitalter, wo nicht menschliche, sondern göttliche Vernunft, und wo nicht rationale Logik, sondern inneres Schauen als Wert höhergesetzt worden ist. Die hohe Bewertung von rationaler Kontrolle ist also nicht nur Ausfluß der menschlichen Vernunftbegabung, sondern eine kulturelle Erscheinung des technischen Zeitalters.

Obwohl in jeder Vergesellschaftung Verhaltensregeln und damit feste Ordnungen unabdinglich sind und der Ordnung eine wichtige, arterhaltende Überlebensfunktion zugesprochen werden muß, gehen wir davon aus, daß im Menschen beides, sich Ordnungen zu unterstellen und aus Ordnungen herauszulösen, ursprünglich angelegt ist, etwa in der gleichen fundamentalen Weise wie die kategorischen Fähigkeiten zur Bindung und Ablösung, zur Abhängigkeit und Freiheit, zur Anspannung und zur Entspannung, zur Energiebesetzung und zum Energierückzug. Nur auf dem Boden dieser Betrachtungsweise wird das Chaotische im Menschen seiner Bedrohlichkeit entkleidet.

Auch wenn die rationale Kontrolle und ihr Ordnungsgebaren den Menschen adelt, bedeutet dies nicht, daß er sich ausschließlich auf sie verläßt und alle übrigen Quellen des Erlebens und Handelns ihr unterordnet.

Ernüchtert durch die Erfolge der Zivilisation in der dritten Welt sind wir heute auch eher bereit, den westlichen Begriff von Zivilisation und Kultur in Frage zu stellen und der Unvollständigkeit zu bezichtigen. Denn das Chaotische, das heißt das Freie und Ungebundene, das Unbeherrschte und Ungeregelte ist so stark gebändigt worden, daß mit ihm ein beträchtlicher Teil an menschlichem Vermögen, wie Gefühlsleben und Intuition sowie andere archaische Verhaltensweisen unterentwickelt blieben. Das heißt nicht, daß man diese Seiten zum Verschwinden brachte. Heutige Mahner der Ethologie (10) weisen eindringlich auf den unterschätzten Einfluß anthropologischer Konstanten (wie z. B. Aggression) hin und warnen davor, daß die aufgeklärte Vernunft insgeheim Opfer alter Instinkte wird, ohne daß man sich über deren Herkunft aus den chaotischen Tiefen des Menschen Rechenschaft gibt.

Obwohl beides, Chaos und Ordnung ursprünglich im Menschen angelegt ist, sind wir von früh auf in unserer Kultur gewöhnt, das Chaotische zu disziplinieren und – wie der Psychoanalytiker sagt – zu sublimieren, das heißt, so umzuformen, daß dabei die geltenden Ordnungsprinzipien erfüllt werden. S. Freud ist der Meinung, daß Kultur und Zivilisation weitgehend der Sublimationsfähigkeit des Menschen zu verdanken sind (11). Deshalb wendet er sich gegen das Chaos im Menschen, obwohl er es ausgerechnet entdeckt hat, und verlangt: »Wo Es (das Chaos) ist, soll Ich (Kontrolle) werden.« Er übersieht dabei die genuinen schöpferischen Kräfte, die dem Es entspringen, und auch ohne Umformung durch das Ich genutzt werden können.

Abbild dieser Wertigkeit sind auch die vielen Persönlichkeitstheorien, die das Triebhaft-Chaotische vom Steuernden-Geistigen trennen und im Menschen eine vegetative-animalische Schicht, beherrscht von Trieben und Emotionen, von einer Personenschicht, gekennzeichnet durch das Wahrnehmen, Denken, Erinnern, Vorstellen und Wollen, unterscheiden (12). Auch in neueren Theorien hat sich diese Tektonik der Person erhalten und verfestigt die Polarisierung von Chaos und Ordnung. Dies kommt vor allem auch in der Art und Weise, wie das Chaos definiert wird, zum Ausdruck.

Psychoanalyse:
Die Chaoswelt im Menschen: Das Es, die Sphäre der primitiven Wünsche und Triebe. Im Es werden wir gelebt von »unbekannten und unbeherrschbaren Mächten«. Im Es herrscht das Lustprinzip.
Die Ordnungswelt im Menschen:
a) Das Ich, Träger des bewußten Erlebens
b) Das Über-Ich, Träger des Gewissens und des Ich-Ideals. Das Über-Ich formt sich in der Kindheit nach dem Über-Ich der Eltern und wird damit zum Träger von Tradition.

Transaktionsanalyse:
Die Chaoswelt im Menschen: Das Kind-Ich, Quelle der Spontaneität und Kreativität, der Intuition und Anpassung an die Forderungen der Umwelt.
Die Ordnungswelt im Menschen:
a) Erwachsenen-Ich, Zentrum der Datenverarbeitung, Entscheidungsfindung, Realitätswahrnehmung
b) Eltern-Ich, Instanz der sozialen Kontrollen und verinnerlichten Normen und Werte

Während in der Psychoanalyse das Es noch den Charakter von dunkel, gefährlich und zügellos trägt und an Fleischeslust und den Teufel in der Christenlehre erinnert, wird in der jüngeren Lehre der Transaktionsanalyse das Kind-Ich als gleichwertige Verhaltensform neben das Erwachsenen- und Eltern-Ich gestellt. In dieser Bedeutungsverschiebung spiegelt sich bereits die beginnende Aufwertung des Chaotischen als positives Lebensprinzip. Jedoch sind wir noch weit entfernt davon, dem kreativen Kind-Ich einen gleich großen und bedeutungsvollen Raum im Leben zuzugestehen wie dem Eltern-Ich, wie dies Befragungen in der Schweiz und Deutschland (13) bestätigen. Die Eltern-Ich-Instanz besitzt immer noch die Vorherrschaft. Dies wird durch den Funktionalismus unserer Zeit (14), der auf dem Eltern-Ich-Prinzip »Steuerung über alles« beruht und diese Tendenz in alle Lebensbereiche trägt, belegt. Welcher Manager möchte schon zugestehen, daß er im Banne unkontrollierbarer Kräfte steht!

Gerade der Manager gehört zu den Prototypen mit dominierendem Eltern-Ich und Erwachsenem-Ich. Diese Instanzen sorgen dauernd dafür, daß er und sein Umfeld optimal funktionieren. »Am Manager gibt es nichts, von dem man sagen könnte, es ist da und darum gut. Alles an ihm und um ihn herum muß erklärt, überprüft und kontrolliert werden.« (15) Als Vorbild unserer Zeit verlangt der Manager von sich und seiner Umwelt Sachlichkeit, Vernunft, Nüchternheit, Effizienz, alles Qualitäten, die fernab von Spontaneität, Unmittelbarkeit, Sensitivität, Gefühlen liegen. Es ist nicht verwunderlich, wenn diese unvollständige Persönlichkeit mit dem Symptombild des Herzinfarktes identisch ist (16).

Wir brauchen aber nicht den Manager als Vertreter unserer Kultur zu bemühen, sondern können in unserem eigenen bürokratischen Alltagsverhalten die Aussperrung ganzer Persönlichkeitsanteile nachvollziehen. Man achte etwa auf jene Situationen, wo wir einem falschen Ordnungsgebot zuliebe sinnlose Tätigkeiten aufrechterhalten:

- Der Stundenplan schreibt eine Tätigkeit vor. Doch eine lähmende Unproduktivität bringt keine Resultate. Der Ordnungssinn (Eltern-Ich-Instanz) verpflichtet, bleistiftkauend den Plan einzuhalten.
- Eine wichtige Entscheidung ist zu fällen. Noch lange sind nicht alle wünschenswerten Fakten zusammengetragen. Die Intuition hat dennoch bereits eine Lösungsrichtung eingespurt. Der Vollständigkeit und der Perfektion zuliebe (Eltern-Ich-Instanz) wird viel Energie und Zeit investiert, weitere Fakten zu sammeln, auch wenn sie die Lagebeurteilung nicht mehr ändern.
- Eine ungenügende Finanzlage zwingt, den Gürtel enger zu schnallen (z. B. Arbeitslosigkeit). Ohne Entbehrungen und ohne Absagen an die Ansprüche der Umwelt kommt keine Einsparung zustande. Das Prestige (Eltern-Ich-Instanz) verlangt jedoch, den Lebensstandard zu wahren. Die Einspa-

rungen werden dementsprechend auf unwirksame Randerscheinungen beschränkt, mit denen das Ziel nicht erreicht wird.

– Eine schwierige Weichenstellung steht bevor, die einen grundlegenden Wechsel des Lebens mit sich bringt. Die Vergangenheit wird analysiert und in die Zukunft extrapoliert. Mögliche Chancen und Gefahren werden aufgelistet. Mit allen Mitteln wird versucht, in die Ungewißheit der Zukunft Elemente der Gewißheit (Eltern-Ich-Instanz) einzubauen, sei es auch nur in Form von Wahrscheinlichkeitsrechnungen.

Die Abspaltung des spontanen und freien »Kind-Ichs« hat uns chaosunerfahren gelassen. Der übermäßige Gebrauch unserer Hirnrinde (Neocortex) ließ ältere Hirnfunktionen unentwickelt. Das Eltern-Ich unserer Kultur sorgte dafür, daß Gefühle unterdrückt wurden (Beiß auf die Zähne! Denk, bevor du sprichst! Traue keinem, auch Dir nicht!). Alle nichtrationalen Funktionen sind deshalb verstümmelt. Wenn sie aktiv werden, droht für die Ich-Kontrolle das Chaos.

P. D. McLean, ein Gehirnforscher aus Amerika (17) bietet für das Verständnis der Vielseitigkeit des Menschen und der Einseitigkeit seiner Entwicklung ein praktisches, physiologisch gewonnenes Modell an. Er nennt das Großhirn, Erlebniszentrum der Person, ein Dreifachhirn und unterscheidet ein jüngeres Säugetierhirn, ein älteres Säugetierhirn (limbisches System) und ein Reptilienhirn und deutet damit gleichzeitig die stammesgeschichtliche Entwicklung sowie ihre Funktionsweise an. Das jüngere Säugetierhirn, oder der Neocortex, ist für das eigentliche *Denken* verantwortlich. Hier sitzt die geistige Kontrolle (Verstand und Vernunft oder das Eltern-Ich und Erwachsenen-Ich), aber auch die Datenaufnahme und -verarbeitung, sowohl nach rationaler, als auch nach arationaler Manier. Das ältere Säugetierhirn dagegen verarbeitet Informationen so, daß sie als *Gefühle* erfahren werden. Das Reptilienhirn steuert noch ältere Verhaltensformen, welche die Neurologen anthropologische Konstanten oder die Psychologen das *kollektive Unbewußte* nennen würden.

Da jeder Hirnteil autonom funktionieren kann, aber gleichzeitig mit den anderen in Verbindung steht, wird verständlich, warum die einzelnen Bereiche ungleich entwickelt sein können, sich aber dennoch gegenseitig beeinflussen. Ebenso leuchtet ein, daß Gefühle neben Denken existieren, ohne wahrgenommen werden zu müssen, und daß sie den Verstand blockieren und die Flexibilität des Denkens hemmen können. Ein anderer Zweig der amerikanischen Gehirnforschung (18) hat zusätzlich nachgewiesen, daß der Neocortex ein Doppelorgan ist. Die linke Hälfte erfüllte andere Funktionen als die rechte Hälfte, aber beide sind organisch miteinander über eine Nervenbrücke verbunden. Die »Einheit« des Geistes dürfte deshalb eine ebenso irrige Vorstellung sein wie seinerzeit die Tellerförmigkeit der Erde. Nur die linke Hälfte des Gehirns ist zum Beispiel fähig, Gedanken in Worte zu fassen. Deswegen ist die rechte Gehirnhälfte genauso in der Lage, wahrzunehmen, zu erinnern, Probleme zu lösen und zu Handlungen zu motivieren, aber auf nichtsprachlichem Wege und mit visuellen Methoden, die wir summarisch etwa mit dem etwas unklaren Begriff Intuition umschreiben können.

Aufgrund dieser neuen Erkenntnisse können wir füglich von einem vierdimensionalen Menschen reden:

1. Dimension
Linke Hälfte des Großhirns: Zentrum des sprachlichen und *logischen Denkens*

2. Dimension
Rechte Hälfte des Großhirns: Zentrum des visuellen und *intuitiven Denkens*

3. Dimension
Das limbische System (älteres Säugetierhirn): Zentrum des *Gefühls*, der Stimmungen und Anmutungen

4. Dimension
Das Reptilienhirn:
anthropologische Konstanten, stammesgeschichtlich alte Reaktionsformen *(instinktive Regungen)*

Jeder Mensch verfügt jederzeit über alle Dimensionen, benutzt sie aber unterschiedlich und ist sich ihrer Funktion unterschiedlich bewußt. Der abendländische Intellektuelle ist in der Regel ein eindimensionaler Mensch, für ihn sind Menschen der zweiten und dritten Dimension chaotisch. Diese Zusammenhänge sollen im folgenden näher erläutert werden.

Der eindimensionale Ordnungsmensch

Der Ordnungsmensch ist primär Denkmensch (erste Dimension), der schwergewichtig rational, nur in den Kategorien der Logik und Kausalität denkt. Seine Leistung entspricht, etwas verkürzt betrachtet, der Denkfähigkeit künstlicher Intelligenz von Maschinen, wenn es gelänge, die anderen Dimensionen völlig auszuschalten. Anders ausgedrückt lebt der Ordnungsmensch sehr eingeschränkt und nutzt nur einen Teil seines Potentials, hat aber den logisch-analytischen Verstand und die mit Normen operierende Vernunft hoch differenziert, was ihm auch den Ruf eines scharfen Denkers einträgt. Das intuitive Denken (zweite Dimension) und das gefühlsmäßige Spuren (dritte Dimension) stellt er im tätigen Leben als unbrauchbar zurück und reserviert es für spezifische Nebenaktivitäten. In der Zerrform kennen wir diesen Menschen als Dogmatiker und Bürokraten, als biederen, »gut funktionierenden« Geistesarbeiter oder als senkrechten Bürger, der sich genau an die übernommenen Regeln und Konventionen hält.

Unsere Welt wird heute mehr oder weniger von Ordnungsmenschen beherrscht, auch wenn sie von den charakterlichen Anlagen her gar nicht zu diesem Menschen-Typ gehören. Aber Politik, Wirtschaft und Wissenschaft verlangen nach Stabilität und Transparenz und bieten dazu eine Fülle von Ordnungsinstrumenten (Theorien, Ideologien, Systeme und Strukturen) an, denen man sich schlecht entziehen kann. So ist denn der Durchschnittsmensch häufig ein Ordnungshüter, der nicht nur sich selber zur Disziplinierung zwingt, sondern auch andere diesbezüglich kontrolliert.

In Organisationen begegnen wir den Ordnungshütern in fünf Varianten. Alle sind ausgesprochene Chaosfeinde und fliehen vor geringsten Schwankungen oder Veränderungen, die sich ihrer Kontrolle entziehen, da ihnen das Eltern-Ich verbietet, sich der Ohnmacht des Zufalls auszuliefern.

Der lebende Computer
Ein kühl denkender Mensch, der jeden Schritt programmiert und nichts der Willkür überläßt. Er schafft perfekt funktionierende Systeme und glaubt an deren Funktionstüchtigkeit. Wichtig sind für ihn relevante und verfügbare Daten, die er seiner Entscheidung zugrunde legt. Er glaubt, daß ein Mensch so sachlich wie ein Computer denken kann.

Der Papiertiger
Sein Pult ist überladen mit Statistiken, Handbüchern, Reglementen. Er bevorzugt die schriftliche Kommunikation und verfaßt über jede Aktivität (zuhanden des Archivs) eine Aktennotiz. Er widmet sich der Erfindung neuer Formulare und Ablaufsysteme. Ein mündlicher Auftrag ist ein halber Auftrag. Eine Idee ist nur ernst zu nehmen, wenn sie auf dem Papier steht.

Der Expertengläubige
Er entscheidet nicht nur aufgrund von Fakten und Zahlen wie der »lebendige Computer«, sondern zieht immer noch die Meinung mehrerer Fachleute zu. Seine Haupttätigkeit erschöpft sich im Sammeln und Horten von Fach-Unterlagen, in denen sich Koryphäen über sein Business äußern. Oft ist er sehr belesen, gibt aber das Wissen seinen Adressaten unverarbeitet weiter. Vor lauter Jagen und Sammeln von Meinungen kommt er nicht dazu, sich selbst mit einem Problem auseinanderzusetzen und ein eigenes Urteil zu bilden.

Der Informationshungrige
Er möchte jederzeit über alles informiert sein, was in seinem Umfeld läuft und kann nicht ertragen, wenn etwas ohne sein Wissen geschieht. Seine Sicherheit bezieht er aus der Informationsfülle und dem absoluten Überblick. Er liebt es, mit Daten zu jonglieren und glaubt an die Wirkung von Informationen als Handlungsanreize.

Wichtig für die Erhaltung seiner Sicherheit ist die Erfassung der Fehler. Die Welt wird entweder als Ereignisse, die im vorgegebenen Rahmen liegen, oder als Abweichungen davon betrachtet. Sein Ziel ist, Fehler auf Null zu bringen, deshalb kreist sein ganzes Bemühen um die Erfassung und Elimination der Ausrutscher. Er setzt dazu zahlreiche Formen von Kontrollen ein: Stichproben, Ergebnisanalysen, Razzia, Generalrevisionen usf.

Eindimensionale Menschen reagieren auf Chaos äußerst empfindlich und gereizt. Meistens gehören sie zu den grundsätzlichen Chaosgegnern, die jede Veränderung bestehender Ordnung als Gefahr für Ruhe und Ordnung interpretieren. Sie sind – entgegen der Vermutung vieler – nicht ausschließlich im politischen Lager der Konservativen zu finden, sondern ebenso häufig als Linientreue in allen gesellschaftlichen Gruppierungen. Es können unter ihnen auch ohne weiteres Streiter für eine neue Sache sein, aber ihre Meinung wird immer strikte von einem dogmatischen Standpunkt aus verfochten. In der Regel ist ihre Lernfähigkeit und Lernwilligkeit reduziert, da die Linientreuen die Welt nur aus dem einmal gewählten Blickwinkel betrachten wollen.

Der zweidimensionale Denkmensch

Bevor der Nachweis der zwei Gehirnhälften vorlag, haben Kreativitätsforscher zwei grundsätzliche Denkarten unterschieden:

– das vertikale und laterale Denken (19)
   »Laterales Denken leitet an zum Ausbrechen aus den Begriffsgefängnissen alter Ideen. Dieses Ausbrechen verändert Einstellung und die Art, sich einem Problem zu nähern.« »Das laterale Denken ist generativ, das vertikale selektiv.«
– das rationale und kreative Denken (20)
   Das rationale Denken geht in logischen Schritten voran

unter Anwendung fester Denkmuster. Die Verbindung der Gedanken folgt festen Gesetzen und klaren Begriffen. Das kreative Denken benützt die Traumsprache: Assoziation, Bisoziation und Analogie, das heißt, es hält sich nicht an die scharfe Trennung der Begriffe. Informationen dienen dazu, andere zu aktivieren. Sprünge, Vermischungen, Verdichtungen, Verzerrungen werden bewußt angestrebt, um bestehende Denkmuster zu überspringen.

Ob die beiden Denkarten mit dem rechts- und linksseitigen Denken völlig identisch sind, muß offenbleiben. Jedenfalls sind die Parallelen auffällig genug, wie die folgende Tabelle zeigt, wenn man bedenkt, daß nicht immer auszumachen ist, ob sich das linke oder rechte Hirn meldet, da die rechte Seite des Gehirns in der Regel die linke benötigt, um sich überhaupt verständlich (sprachlich) auszudrücken.

Fähigkeiten des linken Gehirns *(rationales, vertikales Denken)*	Fähigkeiten des rechten Gehirns *(kreatives, laterales Denken)*
Sprache	Bilder, Metaphern
Lesen	Erkennen von »Gesichtern«, von
Schreiben	Symbolen, ganzheitlichen Formen
abstrakte Kategorisierung	visuelle Orientierung
	räumliche Wahrnehmung
ja-nein-Bezüge	und-und-Bezüge
Logik, Analytik	Kombination, Assoziation
Raum-Zeit-Relation	Transzendenz von Raum und Zeit
linear-kausale Prozesse	diskursiv-bildhafte Prozesse
mechanisches Weltbild	organismisches Weltbild
Einzelheiten	Ganzheiten, Gesamtform
musikalische Fertigkeiten	musikalisches Empfinden

Im Informationszeitalter wird der Computer über weite Strecken die Funktion der linken Gehirnhälfte übernehmen und damit den Menschen gewaltig entlasten. Diese Unterstützung wird aber das linke Gehirn nicht überflüssig machen, denn der Mensch leistet auch linkshemisphärisch, was der Computer nie zu leisten imstande sein wird: die Soll*wert*vorgabe. Der

Computer kann sachlogische Operationen simulieren, er wird nie Werte setzen und verantworten können. Faktenwissen wird also vom Computer beigebracht, hingegen sind Vermutungswissen (21) und Wertsetzungen eine neue Hauptaufgabe für den Menschen, vor allem für den Manager, der sich keinen Vorsprung mehr mit *Mehr*wissen erringen kann, da der Sachbearbeiter denselben Zugang zu den Daten an seinem Bildschirm hat. Jedoch wird die Interpretation der Fakten, das Deuten der Zusammenhänge und das Herstellen von intuitiven Bezügen an Bedeutung gewinnen. Anstelle der Informationsaufnahme und -verarbeitung, die der Computer besser leistet, wird der Umgang mit Informationen (das Wie und nicht das Was) erstrangig. Im Zuge dieser Verlagerung wird voraussichtlich das visuelle Denken, das ganzheitliche Erfassen und intuitive Entscheiden (rechtsseitiges Denken) aufgewertet und als gleichwertig neben die linksseitigen Funktionen gestellt werden. Der Einfluß auf Schulung und Erziehung im Sinne der Synergie von rechter und linker Gehirnhälfte wird nicht ausbleiben und zu einer eigentlichen Denk-Revolution führen.

Auf dem Weg der Aktivierung des rechten Großhirns wird vermutlich in neuer Auflage bewußt, was Lernforscher schon längst wissen und immer wieder als Mangel der schulischen Erziehung anprangern (22): Wir verfügen über drei Wahrnehmungskanäle, die individuell unterschiedlich stark bevorzugt werden und denen ebenso drei Lernformen entsprechen, die durch einen multimedialen Unterricht abgedeckt werden sollten. Der eine lernt anhand abstrakter Formeln, mehr sprachlich-akustisch, der andere durch das Auge und die Beobachtung, also optisch, visuell, und der dritte handelnd und fühlend, also haptisch, motorisch. Daraus lassen sich drei Lerntypen ableiten: der visuelle Sehtyp, der auditive Hörtyp und der haptische Fühltyp.

Diese Beobachtung stimmt mit den physiologischen Ergebnissen überein, die Sprachforscher und Neurologen in psychotherapeutischen Lernprozessen gefunden haben (23). Darnach steht einer der drei Wahrnehmungssinne meistens im Vordergrund, was am Sprachstil und an den Augenbewegungen beim Erinnern erkennbar wird. Jeder kann somit feststellen, ob er einen hördominanten (»Bei mir klingelt's«), einen sehdominanten (»Ich stelle mir das so vor.«) oder einen gefühlsdominanten (»Das macht mir Bauchschmerzen«) Gesprächspartner vor sich hat (24).

Die Menschen nehmen also viel unterschiedlicher wahr, als wir gemeinhin annehmen. Nicht verwunderlich, daß ein unverständliches Durcheinander eintritt, wenn ein akustisch und ein optisch zentrierter Mensch in einem Meinungsstreit aneinander geraten! Und ebenso muß nicht erstaunen, wenn sich ein linksdominanter nicht mit einem rechtsdominanten Denker einigen kann. Aber auch der beidseitig Denkende hat seine unterschiedlichen bevorzugten Denkweisen. Entweder springt er vom rechten zum linken Hirnteil und benutzt das rechtsseitige Denken nur als Unterstützungsdenken, oder es gelingt ihm, beide Denkformen organisch ineinander fließen zu lassen, so daß ein kontinuierlich schwingender Denkprozeß entsteht.

Der optische Denker
Der Mensch mit einem starken optischen Input- und Outputkanal hat vorwiegend bildliche Vorstellungen. Er ist daran erkenntlich, daß seine Augen bei Erinnerungsfragen kurz nach oben rechts zucken. Wenn er spricht, benutzt er gerne visuelle Kategorien wie silbern, klar, erblicken, Bild machen, erkennen usf. Zum Beispiel sagt er: »Ich *sehe*, was Sie meinen.« Oder: »Ich möchte Ihnen etwas *zeigen*.« Oder: »*Sehen* Sie, was ich *deutlich* machen will?«

Der akustische Denker
Wo andere sehen, hört der Akustiker. Seine Augen zucken waagrecht, wenn er Erinnerungen abruft. Er beschreibt Situationen mit Klangbildern wie ruhig, laut, klopfen, quietschen usf. Er sagt: »Ich *höre* Sie« statt »Ich verstehe.« Oder: »*Erzählen* Sie mir genauer, was Sie sagen möchten.« Oder: »Das *hört* sich wirklich gut an.«

Der kinästhetische Denker
Geschmack, Geruch und taktiles Gefühl sind hier vorherrschend. Seine Augen schweifen nach rechts unten, wenn er

Erinnerungen abruft. Er benützt gerne Worte wie feucht, muffig, berühren, spüren usf. Typische Wendungen sind: »Ich habe das Gefühl, daß . . .« »Ich möchte in Kontakt kommen mit . . .« »Das gibt mir ein gutes Gefühl.«

Der Wechselbad-Denker

Wer abwechslungsweise streng linksseitig und dann wieder streng rechtsseitig denkt, gehört zu den Wechselbad-Denkern, die sich vom Heiß-Kalt-Effekt eine wirksamere Problemlösung erhoffen. Es sind diejenigen Leute, die sich kreatives Denken nur in einem abgegrenzten Zeitraum erlauben dürfen und immer wieder zur Absicherung ins Ordnungsdenken zurück- kehren. Sie lassen einem kurzen Brainstorming sofort eine Phase der Ideenauslese und -bewertung folgen, um dann in ein zweites begrenztes Brainstorming einzutauchen. Mit anderen Worten, sie setzen den Fuß in das Land des Chaos nur leicht auf, mehr aus methodischen-rationalen Überlegungen als aus der Überzeugung, daß das Chaos tatsächlich neue Lösungen produziert.

Wechselbaddenker sind primär also Ordnungsdenker und benützen allgemein das linksseitige Denken. Das rechtsseitige Denken hat für sie die Funktion des Mittels zum Zweck. Mit der Anreicherung von Ideenmaterial aus dem rechtsseitigen Fundus hoffen sie, zu einem besseren Ergebnis zu gelangen. Sie vertrauen aber der rechtsseitigen Intuition grundsätzlich nicht und haben deshalb das intuitive-visuelle Denken nicht integriert.

Der doppelseitig Denkende

Der Zweifach-Denker setzt organisch und unwillkürlich die eine oder andere Gehirnhälfte ein, je nach Problemlage, Lösungsprozeß und Anforderungen der Umwelt. Er weiß selbst nie genau, ob das, was er als Urteil vorlegt, nun analytisch oder intuitiv gewonnen ist. Ihn kümmert auch wenig, was methodisch richtig und zulässig ist, er stützt sich vielmehr auf das Flair, das Gespür oder auf die innere Gewißheit ab.

Die dargestellten Typologien beabsichtigen nicht, dem Raster- Denken Vorschub zu leisten. Sie dienen zur Illustration, daß nicht nur *ein* Denken (und später ein Fühlen) existiert, sondern eine Vielzahl von Denkformen, die meistens individuell beschaffen und ungleich gewichtet sind. In der zwischenmenschlichen Begegnung stören diese Präferenzen, die oft nicht bewußt sind, die Verständigung. Zudem verfügt der einzelne Mensch nicht über sein ganzes Denkpotential, wenn er gewisse Funktionen in den Hintergrund drängt. Sowohl die Verwirrung in der Kommunikation, als auch die Unterdrückung wichtiger Denkfunktionen sind damit Ursache von Chaos.

Ganz besonders gilt die Unterdrückung für das rechtsseitige Denken, das im täglichen Leben in Tat und Wahrheit intensiv genutzt wird, im Berufsleben und in der Wissenschaft aber immer noch verpönt ist. Das neue Zeitalter wird voraussichtlich diese vernachlässigte Instanz neu entdecken und endlich dazu stehen, daß die großen Errungenschaften in der Geschichte nicht dank linksseitigem Denken, sondern dank bildhaftem-intuitivem Denken gewonnen wurden. Die Transaktionsanalyse, jene jüngste Persönlichkeitstheorie, trägt dieser Aufwertung bereits Rechnung, wenn sie diesem Denken eine besondere Instanz zuweist. Sie nennt die Verbindung von Erwachsenenhaltung und kreativen-intuitiven Fähigkeiten, wie sie dem Kind besonders zukommen, den »kleinen Professor« oder den »kleinen Pfiffikus« (25). Auch die Tendenz, Irrealem und Unbewußtem einen Platz in den Quellen des Denkens einzuräumen, leistet der Aufwertung des rechtsseitigen Denkens Vorschub. Die gegenwärtige Kreativitätsbewegung beruft sich erst recht auf das ganzheitlich-visuelle Denken und verlangt, daß diesem unerschöpflichen, wildwachsenden Biotop mehr Raum gegeben werde.

Der dreidimensionale Mensch

Aufgrund der Selbststeuerungsfähigkeit kann jeder der drei Gehirnteile unabhängig vom anderen aktiv werden, wahrnehmen, verarbeiten, erinnern und äußern. Das Linkshirn benützt dazu hauptsächlich die Sprache, das Rechtshirn das Bild und die dritte Dimension die Körpersprache sowie die sprachbegleitende Stimme.

Wie schon früher erwähnt, ist in unserer Kultur das Gefühls- und Stimmungserleben auf bestimmte Situationen beschränkt und im allgemeinen stark behindert. Demzufolge führt diese Dimension ein Dasein der Verleugnung und Vermeidung. Gefühle und Stimmungen melden sich aber über rechts- und linksseitiges Verhalten *indirekt* durch nonverbale und präverbale Begleitmusik, die dem Sprachkanal beigemischt wird und ohne Kontrolle abgeht, so daß sie vom Gegenüber ohne Wissen des Autors empfangen wird.

Der Sachverhalt der beiläufigen, nicht eliminierbaren Existenz von Gefühlen sollte eigentlich genügen, deren Vermeidung als sinnlos aufzugeben. Offenbar benötigt unsere Kultur aber mehr Argumente. Hier wäre vor allem anzuführen, daß Denkprozesse weitgehend durch Gefühls- und Antriebserlebnisse motiviert werden. Neugier und Wissensdurst sind Gefühle. Umgekehrt können Gefühle das Denken kanalisieren und hemmen, wie zum Beispiel die Eifersucht oder die Verliebtheit.

Gefühlserlebnisse sind also so elementar wie Antriebserlebnisse. So wachsen Gefühlsregungen aus Strebungen, sie drücken Gestimmtheiten aus und verleihen gedanklichen Inhalten Wertgehalt. Wenn man sich diese Vernetzung von Antrieb, Gefühl und Denken vor Augen hält, können Gefühle nicht verniedlicht und auf die simple Gegensätzlichkeit der Lust und Unlust oder der Spannung und Lösung reduziert werden. Sie müssen vielmehr als reiche Palette anerkannt werden, aus der die für den Denkinhalt passende Farbmischung geholt wird, wobei frühere Gefühls-Erfahrungen und -Erlebnisse den Farbton ebenso mitbestimmen wie die aktuelle.

Um das Chaos nicht weiter zu komplizieren, beschränken wir uns in der Darstellung auf zwei wichtige Kategorien aus dem reichen Gefühlsrepertoire, die vor allem auf das Denken und auf die zwischenmenschliche Kommunikation entscheidend Einfluß nehmen:

- die persönlichen Werte (gefühlshafte Besetzung von Gedanken)
- das Selbstwert-Gefühl

Die *persönlichen Werte* entstehen durch direkte Kombination der Dimensionen Denken und Fühlen. Denkinhalte werden mit Gefühlen ausgerüstet, so daß sie nicht mehr »frei« sind, das heißt an einen hierarchischen Platz in der Gedankenwelt gebunden sind. Damit ordnet die Gefühlsbesetzung die Gedankenwelt in Qualifikationsschichten von gut und schlecht.

Gute Gedanken sind schützenswert, schlechte sind zu beseitigen, unabhängig davon, welche Funktion und Bedeutung die Idee in ihrem gedanklichen Umfeld hat. Auf diese Weise beherrscht die zweite Dimension die erste: Die Gefühls-Werte diktieren das Denken und engen es ein. Chaos entsteht, wenn die enge Verbindung von Sache und Wert künstlich getrennt wird, das heißt wenn zum Beispiel bei Veränderungen die mit der Sache verknüpften, alten Gefühle durch neue ersetzt werden müssen. Chaos entsteht auch für den Ordnungsmenschen, der plötzlich feststellt, daß seine »reinen« Gedanken gefühlsmäßig gebunden sind und daß er die Forderung des wertfreien Denkens gar nie erfüllen kann.

Meistens wird der Tatsache nicht Rechnung getragen, daß Wertvorstellungen außerordentlich träge sind. Die Orientierung des limbischen Systems funktioniert langsam gegenüber der kognitiven Orientierung. Gefühle brauchen Zeit, um sich zu entwickeln. Wenn sie sich einmal gebildet haben, haften sie. Außerdem sind Gefühle in der Kindheit ein außerordentlich nachhaltiger Prägefaktor. Viele Wertvorstellungen können auf der Suche nach ihrer Entstehung leicht bis in die Kindheit verfolgt werden. Gewisse Wissenschaftler meinen sogar, daß die ganze Gefühlswelt auf den Erstgefühlen der Kindheit basiert und damit jedes Gefühl seine Wurzeln in den Anfängen der Lebensgeschichte hat.

Hier wird verständlich, weshalb Gefühlsstempel oft unauslöschbar sind, selbst wenn die gefühlshafte Besetzung der Idee in der Umwelt befremdlich wirkt. Je stärker Ideen durch eine lange Geschichte mit Gefühlen belegt sind, desto ängstlicher hütet der Besitzer seine Gefühlsverkettungen und desto mehr fürchtet er das mögliche Chaos, wenn ihm die Werte genommen werden.

Drei typische Beispiele mögen diesen Sachverhalt näher darstellen:

Der Werteapostel

Der Werteapostel vertritt seine Wertvorstellungen immer rigid. Für ihn existiert nur sein eigenes Glaubensgefüge. Wer sich damit nicht identifiziert, gehört zu den Abtrünnigen und Erbarmungswürdigen. Sein Weltbild ist relativ einfach gegliedert in gehörig oder ungehörig, bzw. zugehörig und nicht zugehörig. Missionarisch versucht er, die Umwelt auf seine Wertinsel zu ziehen.

Wir kennen diesen Typ als Ideologieverkünder, als Jünger von Propheten und Gurus, als Sektierer und Anhänger von oppositionellen Minoritäten. Er ist außerordentlich resistent gegenüber Wertverschiebungen in der Umwelt und modelt das Umfeld nötigenfalls nach seiner Heilslehre um. Damit läuft er Gefahr, sich in einem irrealen Elfenbeinturm zu isolieren. Nimmt der Druck von außen zu, wählt er lieber für sich und die Seinen den Tod als den Einbruch des Chaos in die eigenen Reihen.

Der Gefühlshausierer

Er besitzt nicht so stabile Werte wie der Werteapostel, sondern besetzt sein Denken und Handeln wetterwendischer und launischer mit Gefühlen. Er trägt gerne das Herz auf der Zunge, und liebt es, theatralisch zur Schau zu tragen, was sich in seinem Gefühlshaushalt gerade umtreibt. Wir finden ihn häufig unter den Schauspielern, Medienschaffenden, unter den Extravertierten und Kontaktmenschen, deren Denken von Gefühlen überschwemmt wird.

Das Chaos beginnt beim Gefühlshausierer nicht etwa mit der Umwertung von Ideen, sondern gerade umgekehrt mit deren apostelartigen Festbesetzung und mit der Gefühlsunterdrückung. Gefühlsäußerung und Gefühlsfluktuation sind für ihn heilige Gebote. Dementsprechend bewegt er sich stets an der Gefühlsoberfläche.

Chaotisch sind für ihn tiefe und echte Gefühle, die tragenden und langfristigen Charakter haben.

Der Gefühlsdogmatiker

Diese Erscheinungsform ist ein Kind unserer Zeit, speziell des Psychobooms. Als Antwort auf die Gefühlsunterdrückung in den letzten hundert Jahren sind psychologische Therapieformen entstanden, die bezwecken, das verschüttete Gefühlsleben zu entdecken, zu aktivieren und zu lernen, Gefühle spontan auszudrücken und auszuleben (26). Ordentlich oder »richtig« handelt, wer seine Gefühle zeigt und den Stand seiner Befindlichkeit laufend ankündigt. Die Gefühlsdogmatiker verlangen von sich und anderen permanente klare Gefühlsartikulationen, was die Alltags-Kommunikation erheblich kompliziert und eine neue Beziehungsdynamik auslöst.

Das Chaos beginnt für ihn, wo Gefühle nicht Primärfunktion übernehmen. Er verträgt schlecht, daß Gefühle dem Denken untergeordnet werden können oder daß sich das Denken von Gefühlen ablösen kann, um unbelasteter zu funktionieren. Je dogmatischer er am Gefühlsexhibitionismus festhält, desto größer ist die Chaosangst vor einer Autonomie der Denk-Dimension.

Gefühle sind so reichhaltig und viele Menschen auf ganz bestimmte Gefühle so festgelegt, daß es ein Leichtes wäre, zu jeder Gefühlsform einen Menschentyp zu stilisieren, wie z. B. den Eifersüchtigen, den Wutentbrannten, den Traurigen. Solche Typologien finden sich in der Literatur zahlreich. Als Regel gilt, daß die verstärkte Ausbildung *eines* besonderen Gefühls die Chaosbereitschaft hemmt, weil im Chaos Gefühlsbindungen fluktuieren und das Lieblingsgefühl aufgegeben werden muß.

Eine Gefühlsform prägt die Chaosunfähigkeit so nachhaltig, daß sie eines besonderen Hinweises bedarf: Das *Selbstwert-Grundgefühl*. Der aktuelle Selbstwert im Gegensatz zum Selbstgrundwert kann je nach Beachtung durch die Umwelt, je nach Applaus und stiller Zuneigung schwanken. Das Selbstwert-Grundgefühl dagegen hat sich zwischen 4- und 7jährigen gebildet und beeinflußt in der Folge das Selbstwerterleben allgemein. Dieses Fundament ist nicht auslöschbar, aber überform- und überdeckbar durch andere sekundäre Gefühle (27).

F. English nennt die beiden Vertreter eines eher schwachen und eines eher starken Selbstwert-Grundgefühls »Untersicher« und »Übersicher« (28) und bezeichnet damit den ersten als einen Menschen, der sich klein fühlt, aber gern groß wäre, und den zweiten als einen, der sich groß fühlt, aber lieber nicht so groß wäre.

Der kleine Gernegroß

Er stellt sich vor, daß andere mehr wissen und mehr können als er selbst und fühlt sich zuinnerst immer etwas unterlegen und inkompetent. Er bittet gerne um Hilfe oder glaubt ein Anrecht auf Unterstützung zu haben. Er ist vom Urteil anderer, besonders von Autoritäten abhängig.

Da das Basisgefühl der Inkompetenz sich im Leben oft unvorteilhaft auswirkt, hat der »Kleine« gelernt, sich groß zu machen, indem er sich zum Prahlhans aufbläht oder indem er andere mit Kritik erniedrigt. Entweder kokettiert er mit seiner Unterlegenheit und schlägt Kapital daraus (Opferhaltung), oder er wird zum Besserwisser oder zum Verächter anderer und schafft sich so eine künstliche Größe.

Der kleine Gernegroß gerät ins Chaos, wenn er weder Opfer noch Verfolger spielen kann. Er verträgt es schlecht, wenn seine Unterlegenheit zum Realwert genommen wird oder wenn seine Unterlegenheit durch Glück in unverdiente Überlegenheit umschlägt.

Der große Gerneklein

Er kommt in unserer Kultur weniger häufig vor. Meistens ist das Überlegenheitsgefühl die Folge einer freien und autonomen Erziehung, bisweilen einer leichten Verwöhnung. Der Überlegene neigt dazu, Anweisungen und Verhaltensmaßregeln zu erteilen, andere zu kontrollieren und als »Retter« aufzutreten. Er leistet viel für andere, so daß er bisweilen als »Verfolger« wirkt, wenn er zu viele Impulse verleiht oder über das Maß aktiviert. Schließlich wird er durch sein Vorpreschen zurückgewiesen und gerne entmachtet, so daß er gar nicht darauf erpicht ist, seine Primusstellung hervorzuheben. Der Große wird dementsprechend versuchen, eher klein und bescheiden zu wirken. Er kann andere hochloben, damit sie

über ihn hinauswachsen. Deshalb findet man unter den Über-
sicheren häufig solche, die sich vornehm zurückhalten oder ihr
Licht unter den Scheffel stellen.

Der große Gerneklein gerät ins Chaos, wenn seine Größe zum
Realwert genommen wird und wenn er seine Größe mit Fleiß
und Ausdauer erkaufen muß und wenn ihm nicht mindestens
ein Teil davon von selbst zufällt.

Beide Typen bevorzugen eine bestimmte Art von Beziehung
zu ihrem Umfeld, was ihre Kommunikationsfähigkeit einengt.
Der kleine Gernegroß wird aus der Ohnmacht-Position denken
und handeln, der große Gerneklein aus der Machtposition.
Übernimmt das Gegenüber nicht die zugedachte Gegenrolle,
entsteht Chaos, indem beide Typen aus der Rolle fallen, weil
ihr Beziehungs-Schema nicht erfüllt wird.

Hier wird also das Chaos im Menschen erst in der zwischenmenschlichen Beziehung manifest, eine häufige Erscheinung,
wenn gegensätzliche Partner in Kommunikation treten. Nun
ist aber Kommunikation überhaupt das klassische Medium,
wo sich das Chaos im Menschen aktualisiert, und damit eine
der größten Chaosgefahren.

3. CHAOS ZWISCHEN DEN MENSCHEN

Die menschliche Kommunikation – Ursprung des Chaos?

In Anlehnung an die Datenübertragungs-Technik läßt sich die menschliche Kommunikation stark vereinfacht als Transfer einer Botschaft von einem Sender zu einem Empfänger darstellen.

Auf diesem Weg zwischen Sender und Empfänger passiert die Botschaft fünf heikle Stationen:

- den Input beim Sender, das heißt die Umsetzung eines Gefühles, eines Bildes, eines Gedankenkomplexes in die Denksprache (linke Gehirnhälfte), auch als *Denkleistung* zu verstehen, die der Klärung der eigenen Gedanken dient (Selbstwahrnehmung) und der Kommunikation vorausgehen kann (aber nicht muß)
- den Output beim Sender, das heißt das Verpacken des aufgearbeiteten Gedankenkomplexes in eine Mitteilung in der Regel durch Worte unter Zufügen oder Weglassen von Informationen, die auf den Empfänger abgestimmt sind (*Verschlüsseln* oder Encodieren genannt)
- das Übertragungsmedium (auch das »Zwischen« genannt), d. h. die gemeinsame, gegenseitig verständliche Sprache und das (unter Umständen gemeinsam) gewählte Medium (Schrift, Ton, Bild usf., siehe der optische, akustische und kinaesthetische Denker)
- den Input beim Empfänger, d. h. das sinnliche Wahrnehmen der Botschaft mit gleichzeitiger Bedeutungsverleihung, möglichst im Sinn und Geist des Senders (auch das *Entschlüsseln* oder Decodieren genannt)
- den Output beim Empfänger, d. h. die Wirkung, welche die Wahrnehmung im Empfänger auslöst und wesentlich durch die Empfängererfahrung geprägt ist (Fremdwahrnehmung) oder das Umsetzen der empfangenen Botschaft in ein verdichtetes Bild im Sinne einer *Verstehensleistung*.

Verhältnismäßig zuviel Aufwand wird in der Kommunikation für das Funktionieren des Übertragungsmediums betrieben, obwohl der Ursprung der meisten Übertragungsfehler nicht hier zu suchen ist, sondern in den Nahtstellen (Input und Output) innerhalb des Senders und innerhalb des Empfängers, d. h. dort, wo die Information entsteht und wo sie verarbeitet wird.

An diesen Übergangspunkten leistet der Mensch einiges mehr als das, was Informatikmaschinen fertigbringen, teils zum Heil, teils zum Unheil der Verständigung. Könnten Menschen wie Computer kommunizieren, hätten sie weniger Mißverständnisse. Die Kommunikation wäre hingegen unvergleichlich ärmer, denn in der menschlichen Kommunikation vermischen sich Sendung und Empfang, Fakten werden von Gefühlen und Stimmungen eingefärbt, Denk- und Verstehensleistung sind von der persönlichen Beziehung beider Kommunikationspartner beeinflußt.

Diese Zusammenhänge sind in ihrer Komplexität etwas aufzuschlüsseln, damit die damit verbundenen Chaosmöglichkeiten transparent werden.

Sendung ist nicht nur Sendung

Der kommunizierende Mensch stellt während seiner Sendung den Empfangskanal nicht ab. Einen Teil der Aufmerksamkeit richtet er auf das Gegenüber, um laufend zu prüfen, wie seine Botschaften ankommen. Menschliche Kommunikation ist also immer Zwei-Weg-Kommunikation. Die Gleichzeitigkeit von Senden und Empfangen verunmöglicht, in einem Gespräch festzulegen, bei wem die Interaktion begonnen hat. Der Eröffnungszug kann in einer geringfügigen Bewegung, in einer unbemerkt eingenommenen Haltung, in einem unkontrollierten Blick liegen und der Aktion des Partners vorausgehen, ohne daß er sich darüber selbst im klaren ist.

Die Kommunikationsforschung hat es aufgegeben, hier Eindeutigkeit anzustreben und löst das Problem der Urheberschaft mit Hilfe eines system-theoretischen Modells: Jede Aktion ist immer auch (potentiell) Reaktion, d. h. jede Kommunikation ist immer interaktiv. Für den Sender bedeutet dies, daß seine Botschaft nie vom Nullpunkt ausgeht, obgleich wir uns meist so verhalten und gerne Autorenrechte geltend machen. (»Du hast angefangen . . .«)

Damit schwindet die Bedeutung der Gesprächseröffnung. Will man nämlich ein Gespräch eröffnen, hat man es bereits unbewußt mit Vorsignalen getan. Wenn Botschaften aber verbindlichen Urhebern zugeordnet werden sollen, beginnt das Chaos, denn in dieser Beziehung gelingt es nicht, eine gültige Zuordnung zu schaffen. Eine Sendung wird dadurch in ihrem Anfangscharakter relativiert. Dies schwächt die Verantwortlichkeit und Zuständigkeit, nimmt aber auch die Möglichkeit, Schuldige zu ermitteln.

Der mangelhafte Durchblick betrifft nicht nur die Herkunft der Botschaft, sondern auch deren Inhalt. Aufgrund seiner Dreidimensionalität muß der Sender damit rechnen, daß sich z. B. das intuitive Denken, das Fühlen verselbständigt hat und eigene, nicht kontrollierbare Signale sendet, die als Botschaft »zwischen den Zeilen« beim Empfänger so deutlich ankommen wie die beabsichtigte Mitteilung selbst.

Die Selbstkontrolle versagt nicht nur, wenn der Sender seine Botschaft noch nicht »druckreif« zur Sendung bereit hat, sondern auch wenn er in der Inputphase erst die Gedanken im Sprechen ordnet und formt. Zudem wird die Botschaft in der Outputbearbeitung des Senders nicht nur willentlich zensuriert, sondern unwillentlich unter dem Einfluß anderer Persönlichkeits-Instanzen verzerrt, ganz abgesehen vom Repertoire der Ausdrucksmöglichkeiten, das oft für die verständliche Darstellung des Gedankens nicht ausreicht. Es gelingt unserem Verstand (linkes Gehirn) nicht, die Sendung zu ordnen und abgehende Informationen unter Kontrolle zu halten. Das Chaos ist vorprogrammiert.

Empfang ist nicht nur Empfang

Was für die Sendung gilt, kann in gleichem Masse auf den Empfang angewandt werden. Hier spielen sich reziprok die gleichen Ungereimtheiten ab, die für den nüchternen Verstand ein Ärgernis sind, aber nie eliminiert werden können, weil sie in der menschlichen Natur begründet sind.

Dennoch hält sich die Annahme einer objektiven Wahrnehmung immer wieder aufrecht, obwohl es dem Empfänger nie gelingt, das Eigene vom Fremden scharf zu trennen. Der Wahrnehmungsakt ist eben nicht mit einer elektronischen Bandaufnahme zu vergleichen. Selbst eine noch so bemühte neutrale Aufnahme von fremden Botschaften wird an der Inputstation des Empfängers durch das Entschlüsseln subjektiv gewichtet und eingefärbt.

Die Wahrscheinlichkeit einer Verfälschung ist so groß, daß eigentlich jeder Empfang auf seine Sendertreue hin mit Rückfragen geprüft werden müßte, allein schon deswegen, weil der Empfänger viel mehr wahrnimmt als der Sender gewollt sendet, da er unwillkürlich Signale von Kanälen registriert, die der Sender unbewußt speist.

Sache ist nicht nur Sache

Gedanken sind von Gefühlen nur theoretisch, aber nicht in der Wahrnehmung zu trennen (genauso wenig wie Leibliches vom Seelischen). Eine Entmischung von Denken und Fühlen wird indes dauernd verlangt. Mit der Abspaltung der Gefühlsseite verliert sie jedoch ihren Einfluß in der Kommunikation nicht. Der Austausch vollzieht sich nur verdeckt und nicht weniger intensiv.

Um diesen Irrtum aufzudecken, hat die Kommunikationspsychologie zwei Kommunikationsebenen eingeführt: die Sachebene und die sogenannte Beziehungsebene. Auf einem Umweg möchte sie damit klar machen, daß jede Botschaft sowohl einen Sachgehalt, als auch einen Gefühlsgehalt besitzt, wobei sich dieser sowohl auf die Sache als auch auf den Kommunikationspartner beziehen kann (deshalb Beziehungsebene). Um dieser gern verdrängten Seite einer Botschaft das nötige Gewicht zu verleihen, sagt man, daß die Interaktion mehr als zur Hälfte von Beziehungs- resp. Sachgefühlen (von der dritten Dimension, dem limbischen System) gelenkt werde.

Die völlige Verkettung von Sache und Gefühl wirkt sich vor allem bei Kommunikationsstörungen verhängnisvoll aus. Die Kommunikationspartner wissen bei sachlichen Meinungsverschiedenheiten nie, ob sie sich in einem Meinungskonflikt oder in einem Beziehungskonflikt befinden. Da wir in der Behandlung von Beziehungskonflikten ungeübt sind, wird die Störung meist erfolglos als Sachkonflikt behandelt.

Die Verhältnisse liegen aber noch komplizierter: Selbst innerhalb der Sachbotschaft ist nicht eindeutig die eigentliche Sache auszumachen, denn ein Faktum kann viele Bedeutungen haben. Diese werden wiederum vom Sender verliehen und sind dem Empfänger nicht ohne weiteres zugänglich.

Dazu kommt, daß die linke Gehirnhälfte in Sprache übersetzen muß, was die rechte als Bild gespeichert hat. Ein Komplex muß vom Sender in viele Elemente zerlegt werden, die vom Empfänger wieder auf seine Weise zu einem Ganzen zusammengesetzt werden müssen. So sind angesichts dieser mehrfachen Übersetzungsleistungen eine Fülle von Mißverständnissen möglich: Bedeutungsverschiebung bei einzelnen Elementen der Botschaft, im Zusammenhang der Elemente, im Ganzen, in der Abgrenzung des Ganzen usf., eine wahre Fundgrube der Chaosprozesse.

Beziehung ist nicht nur Beziehung

Ähnliches läßt sich von der Beziehungsebene nachweisen. Auch sie ist nicht einfach und eindeutig, sondern gliedert sich in mehrere Schichten, die ebenfalls nicht alle gleichzeitig kontrolliert werden können.

Die dritte Dimension, das Gefühlsleben, kann sich bekanntlich verselbständigen und ihren eigenen Kommunikationskanal aufbauen, so daß eine für beide Teile unbewußte autonome Interaktion entsteht. Außerdem wird Gedankliches mit Gefühlshaftem unbemerkt verbunden, zum Beispiel werden Ziele unausgesprochen an unbewußte Erwartungen und Befürchtungen geknüpft. Frühere Schlüsselerfahrungen spielen dabei eine unbeeinflußbare Rolle. Die Kommunikation »singt« auf der Beziehungsebene ihre eigene Melodie und ordnet sich nur teilweise der Absicht des Denkens und Wollens unter.

Das kann soweit gehen, daß ganze Arsenale früherer Gefühle und Stimmungen in der Botschaft mitschwingen und die gegenwärtige Beziehung so einnebeln, so daß die aktuellen

Gefühle gegenüber dem Partner von einem Rattenschwanz alter Gefühle begleitet sind und nicht mehr klar auszumachen ist, was Vergangenheitsbezug und was reales Ereignis ist, was eigener Anteil und was übernommener, fremder Anteil ist. Also auch hier ein hoffnungsloses Durcheinander, das auch ein noch so qualifizierter Ordnungshüter nicht filtrieren kann.

Sprache ist nicht nur Sprache
Es ist bereits in der vorgängigen Darstellung des Kommunikationschaos klar geworden, daß auch das Kommunikationsmedium Sprache viele Facetten hat. Unsere Ausdrucks- und Wahrnehmungsmöglichkeiten sind so vielfältig, daß eine Beherrschung aller Medien Sender und Empfänger überfordert. Der Empfänger kann den Scheinwerfer seiner Aufmerksamkeit einmal da- und dorthin werfen, aber nie in gleicher Weise alles aufnehmen und kontrollieren. Vergegenwärtigt man sich, wie groß die Fülle an Informationsträgern ist, die neben der Sprache immer benützt werden, erschrickt man zunächst darüber, was dem Empfänger alles entgeht. Jedoch wird ein beträchtlicher Teil der non- und präverbalen Informationen unbewußt als Begleitmusik aufgenommen und nur dann bewußt registriert, wenn Auffälligkeiten oder Widersprüche auftreten. Hier eine Liste dessen, was die Sprache als Ausdrucksmedium umgibt und was viel zu wenig in der Kommunikation Beachtung findet:

nonverbale Signale

- äußere Aufmachung (Kleider, Schmuck, Frisur)
- Körperbezug (Gepflegtheit, Umgang mit eigenem Körper)
- Körperhaltung (Kopf, Oberkörper, Beine und Arme, Gang, usf.)
- Gesten (Finger, Hände, Arme, Beine)
- örtliche Distanz zum Partner (Abstand von Kopf zu Kopf)
- Gesichtsausdruck (Augen, Stirn, Nasenflügel, Mund, Kinn, Zähne)
- Mimik (feinste Muskelregungen im Gesicht)
- Augenbewegung (Pupillenveränderung, Augenbewegung, Blickkontakt usf.)

präverbale Signale

- Lautstärke
- Stimmlage und Stimmfarbe
- Tonfall, Tonmelodie
- Tempo, Rhythmus
- Wortwahl
- Satzkonstruktion
- Sprechstil
- Füllwörter
- gedanklicher Aufbau
- Informationsdichte und -fülle
- Wiederholungen, Stilmuster

Signale der Gesprächsdynamik

Veränderung von Verhaltsvariabeln im Gesprächsablauf in Verbindung mit bestimmten Informationsinhalten:
- Selbstgefühl (Sicherheit, Verunsicherung, Überlegen-, Unterlegenheit)
- Echtheit (Täuschung, Doppelbotschaften, das heißt Differenz zwischen Aussage und Verhalten)
- Vertrauen, Zuwendung, Nähe
- Gefühlsoffenheit
- Aktivität, Übernahme der Gesprächsführung
- Angstsignale
- Gefühlsäußerungen
- Tics, Übersprungsbewegung
- Fluidum, Aura, Ausstrahlung
- Stimmungslage

Widersprechen sich verbale (wörtliche) und nonverbale (signalhafte) Aussage, entsteht beim Empfänger eine Verwirrung, da er nicht weiß, welcher Teil der Botschaft, der gesprochene oder der mit Gestik und Mimik angedeutete, den eigentlichen Willen des Senders ausdrückt. Befindet sich der Empfänger in Abhängigkeit vom Sender, erzeugen ständig wiederholte Doppelbotschaften eine »Doppelbindung« (29), die in der Regel krankmachend ist.

Bändigung des Kommunikations-Chaos mit Struktur

Im letzten Jahrzehnt hat sich eine Wissenschaft der zwischenmenschlichen Kommunikation herangebildet, die einiges zur Bewältigung des Kommunikations-Chaos leistet und mehrere Methoden anbietet, welche Kommunikationsabläufe transparenter und bewußter machen. Die einschlägigsten Verfahren sind im folgenden im Abriß erläutert.

Verstehend Bestätigen auf der Sachebene

In der Literatur ist dieses Verfahren unter dem Titel »aktives Zuhören« (30) bekannt. Wie jede Methode steht auch das aktive Zuhören in Gefahr als taktisches Machtmittel mißbraucht zu werden. In vielen Management-Trainings werden deshalb oft Zerrformen oder Teilformen dieses Absicherungsverfahrens verwendet. Die hier geschilderte Form geht in mancher Hinsicht weiter als das, was in Management- und Verkaufskursen gelehrt wird.

Alle Formen des aktiven Zuhörens beinhalten vier Elemente:

1. vorbehaltlose Zuwendung zum Partner
2. absolutes Wachsein aller Wahrnehmungsorgane
3. Erfassen der Botschaft nur im Sinne des Senders (pathing)
4. Rückmeldung des Wahrgenommenen, so daß der Sender kontrollieren kann, ob er richtig verstanden worden ist (verstehend bestätigen)

Im Gegensatz zur militärischen Auftragsbestätigung besteht das verstehend Bestätigen (4. Schritt) nicht in einer verkürzten Wiederholung oder in einer Zusammenfassung der Partneraussage. Es ist mehr als das papageienhafte Wiederholen der Sendung, und es ist weniger als das geschickte Zurückspielen von emotional geladenen Schlüsselworten, um den Partner auszufragen.

Jede abgeleitete Form von verstehend Bestätigen, die als Mittel zum Zweck eingesetzt wird, etwa als Animation des Partners, seine Erklärungen fortzusetzen, oder als »Türöffner«, um dem Partner die Initiative zuzuspielen, oder als Überbrückungsmanöver, um Zeit zu gewinnen, oder als Mittel der Konfliktvermeidung beim Ansteigen von Spannung sind Zerrformen der echten Rückmeldung, die allein dazu dient, in den Kommunikationsprozess Klarheit und Tiefe zu bringen.

Im Mittelpunkt des aktiven Zuhörens steht das Interesse für die Botschaft des Partners mit all ihren möglichen Bedeutungen und Bezügen. Die unübersichtliche Vielfalt der verbalen und nonverbalen Teilbotschaften wird zu ordnen und zu erfassen versucht, um ein Terrain gemeinsamen Verständnisses zu gewinnen, auf dem die Folgekommunikation sicher aufbauen kann. Dazu spitzt der Empfänger seine Ohren, sieht hin, erfaßt nonverbale und präverbale Signale und versucht die angebotene Information aus dem Zusammenhang zu verstehen. Als Abschluß seiner Verstehensbemühungen legt der Empfänger sein Resultat dem Sender zur Prüfung vor. Diese Rückmeldung enthält:

– den Kern der Aussage des Senders
– den vom Empfänger wahrgenommenen Kontext der Kernaussage

Selbstverständlich sind in einer solch anspruchsvollen Rückmeldung, die eine aktive Eigenleistung des Empfängers voraussetzt (darum *aktives* Zuhören) subjektive Anteile des Empfängers enthalten. Der Empfänger bemüht sich aber um höchste »Objektivität« in der Erfassung, das heißt, er versucht mit Hilfe intensiver Einfühlung den Sachverhalt nur *im Sinne des Senders* zu erfassen, ohne sich emotional von den Inhalten hinreißen oder mittragen zu lassen und ohne sich mit dem Sender und dessen Gedanken zu identifizieren. Er bleibt in der Haltung des offenen und zugewandten Beobachters, der sich einer persönlichen Interpretation der Inhalte enthält.

Um mit seiner verdichteten Rückmeldung keinen Zwang auszuüben, legt der Empfänger sein Verstehensergebnis mit Vorteil in Frageform vor, so wie wenn er innerlich den Satz voranstellen würde: »Wenn ich Sie richtig verstehe, . . .«

Verstehend Bestätigen auf der Gefühlsebene

Jede Sachaussage enthält gleichzeitig eine Gefühlsaussage, die von der dritten Dimension direkt und meistens über die

Körpersprache gesendet wird. Der Sender ist sich über die Botschaft seines Gefühlszentrums nicht so im klaren wie der Empfänger, weil der Sender sich selbst im Sprechen *nicht* zusehen und zuhören kann und deshalb seine Wirkung nicht kontrolliert. Das Kommunikations-Chaos kann um ein weiteres Stück gelichtet werden, wenn der Zuhörer versucht, sich auf den Gefühlskanal zu konzentrieren und die Gefühls-Botschaft bewußt zu registrieren und zurückzumelden. Da ihm nur indirekte Informationen zur Verfügung stehen, in Form von Eindrücken, kann seine Wahrnehmung auch »falsch« sein, d. h. Empfänger-Anteile enthalten.

Das Aufgreifen von Gefühlsgehalten in der Sachaussage des Partners hat unter dem Fachausdruck »verbalisieren« Eingang in die Psychologie gefunden. Vor allem in der Gesprächspsychotherapie (31) wird sie als Kardinalmethode angewandt, aus der Erfahrung, daß zurückgespiegelte Gefühle den Klienten öffnen, die Selbstverantwortung stärken und zur Selbstlösung der Probleme ermuntern.

Die Wahrnehmung der nicht-sachlichen Anteile einer Botschaft muß sich aber gar nicht nur auf Gefühle beschränken, sondern kann alle Register menschlichen Erlebens ansprechen wie Einstellung, Verhaltensweise, Wertvorstellungen, Haltungen. Die Kunst besteht darin, das für den Sender im Moment relevante affektive Element herauszuheben, das gleichzeitig mit der Sachinformation in enger Beziehung steht. Dabei sind drei Dimensionen zu unterscheiden:

1. Dimension
affektive Regungen, die von der Sache ausgehen, das heißt Gefühle, welche die Sache besetzt halten (Sachgefühle)

2. Dimension
affektive Regungen, welche dem Emfpänger als Person gelten und durch seine Präsenz induziert werden (Beziehungs- oder Begegnungsgefühle)

3.Dimension
affektive Regungen, die unabhängig von der aktuellen Sachlage und unabhängig von der Präsenz und Individualität des

Gegenübers entstehen und Ausdruck einer persönlichen Grundhaltung sind:

a) Gefühle gegenüber Menschen allgemein bezüglich Offenheit (Position der Zuwendung)
b) Gefühle gegenüber Menschen allgemein bezüglich Macht und Überlegenheit (Position des Selbstwertes)
c) Gefühle, welche die Lebenshaltung hinsichtlich Perspektiven allgemein bestimmen (Lebensgrundstimmung)

Die kapitale Schwierigkeit des Aufgreifens von nichtsachlichen Wahrnehmungen liegt in der Fähigkeit, eigene und fremde Anteile besser trennen zu können. Insofern ist das verstehend Bestätigen ein ideales Trainingsmittel, Kommunikationsvorgänge sensibilisierter aufzunehmen. Erfahrungsgemäß stärkt das gefühlsmäßige gegenseitige Eingehen die Beziehung zwischen den Partnern beträchtlich. Es verlangt aber auch ein Engagement ab, das oft Chaosängste auslöst, obwohl gerade mit der differenzierten Wahrnehmung Chaos abgebaut wird.

Kommunikation über die Kommunikation (Metakommunikation)

Eine viel zu wenig benützte, relativ einfache Art, mehr Überblick und Durchblick in Kommunikationsvorgänge zu gewinnen, besteht in der wachen Selbstbeobachtung des Kommunikationsverlaufes und die gemeinsame nachträgliche Analyse. Dazu müssen sich die Beteiligten in der mehrschichtigen Wahrnehmung während der Kommunikation üben, denn in der Regel ist man von der Sache so gefangen, daß man keine Kräfte mehr frei hat, auch das Wie der Bearbeitung zu verfolgen.

Das Wie kann in dreifacher Hinsicht für die Sachentwicklung bedeutungsvoller sein als die Sache selbst:

– Das Wie des Vorgehens (Methode)
– das Wie der »gefühlshaften Besetzung« der Sache, d. h. der Wertigkeit, der Meinung, der Ideologie und
– das Wie der Interaktion beim Vorgehen (Beziehung)

Da die beiden letzten Wie sich nahestehen und oft intensiv vermischen, fällt es schwer, sie getrennt zu reflektieren. Werden
sie zusammengefaßt, ergeben sich drei Beobachtungsschich-
ten, eine Was-Schicht und zwei Wie-Schichten, die auch als
drei Prozesse der Kommunikation bezeichnet werden können,
da jede Schicht Eigendynamik entwickelt, das heißt, die Kommunikation von sich aus dominant steuern kann:

- Sachprozeß (Was = Kommunikationsgegenstand)
- Methodenprozeß (Das erste Wie = Vorgehen in der Behandlung der Sache)
- Beziehungsprozeß (Das zweite Wie = gefühlsmäßige Besetzung der Botschaften und Art und Weise der Interaktion).

Da die andauernde Reflexion der drei Prozesse jedermann
überfordert, kommt man nicht ohne regelmäßige Haltestellen
im Kommunikationsverlauf aus, in denen das Wie ausgetauscht, analysiert wird und Entscheidungen getroffen werden, wie das Wie zu verändern ist. Im Fachjargon wird der
Blickpunktwechsel von der Ebene der Kommunikation auf die
Ebene der Metakommunikation »Prozeßanalyse« oder einfacher »Looping« genannt. In diesem Ausdruck kommt
anschaulich zur Geltung, daß sich die Kommunikationspartner aus der Kommunikation hinausbegeben und den abgelau-
fenen Kommunikationsprozeß gemeinsam »von oben« ansehen und studieren.

Folgende Fragen werden dabei gestellt:

Fragen zum »Looping«:

a) Zur Sachbehandlung
- *Begriffe* klar/unklar?
- Abgrenzung des *Themas* scharf/vage?
- Konzentration auf *Wichtiges*?
- *Breite* der Behandlung zu gering/üppig?
- *Tiefe* der Behandlung zu gering/groß?
- *Differenzierung* zu fein/grob?
- *Kontext* zu weit/eng?

b) Zur Mehtodenanwendung
- *Fernziel* klar/unklar?
- *Teilziel* klar/unklar?
- *Gesamtvorgehen* zweckmäßig/unzweckmäßig?
- methodische *Schritte* klar/unklar?
- methodische *Schritte* angepaßt/unangepaßt?
- *Änderung* der Methode flexibel/schwerfällig?

c) Zum Beziehungsprozeß
- formelle *und* informelle *Führung* dunkel/transparent?
- Artikulation von *Bedürfnissen* möglich/erschwert?
- *Eingehen* auf Partner ausreichend/ungenügend?
- *Aktivität* verteilt/zentriert?
- *Rollen* deklariert/versteckt?
- *Normen* störend/hilfreich?
- *Vertrauen* getrübt/gesichert?

Verhaltensregeln

Angewandte Psychologie und Pädagogik versuchen dem Chaos der Kommunikation unter anderem zum Teil mit gutem Erfolg mit Hilfe von Rezepten und Drill beizukommen (32). Diese oft zitierten Regelkataloge haben drei gemeinsame Ziele:

Ziel 1:
Unterscheidung von Dein und Mein.
(Objektivität ist Illusion.)

Ziel 2:
Bewußtsein des Hier und Jetzt.
(Vergangenheit und Zukunft sind Fluchtmöglichkeiten aus der Realität.)

Ziel 3:
Keine Entmischung von Sache und Beziehung.
(Ein *Faktum* gibt es nicht.)

Mit dem ersten Ziel wird versucht, von der Vorstellung wegzukommen, es gäbe eine faktische Realität, die unabhängig von

57

Sender und Empfänger »gefunden« werden könne. In der Kommunikation sind Daten und Informationen immer schon eine Abstraktion, bei der die Gefühlsbesetzung weggezogen wurde, was allerdings nur theoretisch, nicht praktisch, möglich ist.

Mit dem zweiten Ziel wird erreicht, daß die Kommunikationspartner sich der Realität nicht durch Flucht in die Vergangenheit oder Zukunft entziehen. Infolge der unaufhebbaren Subjektivität hat jeder Standpunkt seine individuelle Vergangenheit und Zukunft, während im Schnittpunkt der Gegenwart eher ein Konsens (»soziale« Realität) möglich ist. Damit eine Sache bearbeitet werden kann, muß sie von ihrer (individuellen) Geschichte abgelöst werden können.

Mit dem dritten Ziel wird der Verknüpfung von Sache und Gefühl sowie von Sache und Begegnung Rechnung getragen. Sachgeschäfte sind als Vehikel von Beziehungsanliegen und menschlichen Konflikten zu entlarven.

Die Erfahrungen in der Anwendung von Regelkatalogen sind geteilt: Sie bringen in das Kommunikationswirrwarr Struktur und lenken zwangsweise auf die Klippen der Kommunikation hin. Damit etablieren sie im Bestfall einen neuen Kommunikationsstil. Andererseits werden die Regeln zur Norm, später zum Dogma. Nun beginnt sich die Kommunikation wieder zu verhärten, wird eingleisig und die Regeln werden als Machtmittel mißbraucht.

Hier das Muster eines Regelkataloges, der auf dem beschriebenen Menschenbild (Kapitel 2) und Kommunikationsverständnis (Kapitel 3) aufbaut.

Regel 1
Ich hole und bringe die Informationen, die ich brauche und für wichtig erachte *selbst*.
Prinzip: Selbstverantwortung

Regel 2
Relevant ist, was wirklich geschieht und was im Moment ist. Keine Flucht in die Vergangenheit und Zukunft!
Prinzip: Hier und Jetzt

Regel 3
Ich drücke vollumfänglich aus, was ich denke und fühle. Offenheit!
Prinzip: direkte Äußerung

Regel 4
Ich versuche, einfühlend zu erfassen, was der andere meint und fühlt. Verstehend Bestätigen!
Prinzip: aktiv zuhören

Regel 5
Ich halte meine Meinung und diejenigen anderer auseinander. Ich spreche nicht für andere!
Prinzip: Trennung von dein und mein

Regel 6
Ich lasse dem anderen seine Subjektivität. Er hat ein Anrecht darauf!
Prinzip: Akzeptation des anderen

Regel 7
Wo nötig, ergänze ich meine Aussagen mit den zusammenhängenden Hinter- und Nebengedanken. Kontext aufzeigen!
Prinzip: Hinterkopf leeren

Regel 8
Ich halte mich an die Beobachtung, ohne voreilige Schlüsse zu ziehen. Keine Generalisierungen!
Prinzip: Realität der Phänomene

Regel 9
Ich beteilige mich an der Führung des Gesprächs sachlich, methodisch und beziehungsmäßig. Ich bin dabei!
Prinzip: Selbststeuerung

Regel 10
Ich bringe beobachtete Störungen der Kommunikation in der Prozeßanalyse zur Sprache. Stop, wenn es brenzlig wird!
Prinzip: Looping

Die verdeckte Seite der Struktur

Glaubt man, das Kommunikationschaos mit Strukturen und Regeln bewältigt zu haben, eröffnet sich bereits ein weiteres neues Chaos. Es macht sich der typische Lernvorgang bei Neuentdeckungen bemerkbar. Wird ein undurchsichtiges Phänomen erklärt, eröffnet das Verstehen den Zugang zum nächsten Neuland, das sich wieder zuerst als Chaos präsentiert und anschließend mit neuen Ordnungsprinzipien erobert werden muß. Auf diesem Gang vom Chaos zur Ordnung und zu neuem Chaos und neuer Ordnung nimmt von Stufe zu Stufe die Differenzierung und Komplexität zu. Evidentes Beispiel dafür ist die Auffächerung des Kommunikationsprozesses zunächst in zwei Ebenen, später in drei und schließlich in eine Vielzahl von Erfassungsschichten, die im Grunde beliebig vervielfacht werden können. Mit steigender Differenzierung nimmt die Chaosgefährdung natürlich zu.

Das folgende Schichtenmodell illustriert die Komplexität menschlicher Kommunikation. Die Geologie der Deutungsschichten einer Kommunikations-Botschaft kann durch die Unterscheidung noch feinerer Nuancen immer noch kompliziert werden. Bei Kommunikationsstörungen leistet diese Ausdifferenzierung jedoch gute Dienste und ist deshalb sinnvoll.

a) Sachebene (oder Inhaltsebene):

1 *Faktum* (Begriff, Datum, Phänomen)
2 subjektive *Bedeutung* für den Sender
3 subjektiver *Kontext* für den Sender
4 subjektiver *Kern* für den Sender
5 subjektive Bedeutung für die *Kultur*, aus welcher der Sender stammt
6 subjektiver Kontext für die *Kultur* des Senders
7 subjektiver Kern für die *Kultur* des Senders

b) Methodenebene (oder Vorgehensebene)

1 Kommunikations-*Instanzen* (Aufbaustruktur der Kommunikationspartner, d. h. Funktion, Rolle, Kompetenzen der Partner)

2 Kommunikations-*Ablauf* (Ablaufstruktur, d.h. Phasen, Schritte, Ziel der Teilschritte)

3 Kommunikations-*Vernetzung* (Kontextstruktur, d.h. Beziehung zu übergeordneten und untergeordneten Sachgebieten oder Systemen)

4 Kommunikations-*Instrumente* (Strukturierungshilfsmittel, d.h. Planung, Leitfaden, Vorgaben, Zeitstruktur)

5 *Eigendynamik der eingesetzten Methoden* (Entropiestruktur, d.h. innere Eigendynamik einer Methode, eines Instrumentes oder einer Struktur, unabhängig vom Sachzusammenhang)

c) *Beziehungsebene (oder Gefühls- und Begegnungsebene)*

I. *Ausdrucksebene:*

1 *Gefühls*besetzung (Gefühl hinter der Sache)

2 *Wert*besetzung (Platz in der Rangordnung des persönlichen Weltbildes)

3 Hintergrund (*Hinterkopf*, d.h. Einbettung der Sache in der Kultur, im Gefüge der Soll- und Mußvorstellungen)

II. *Befindlichkeitsebene*

4 *Gefühlslage* (gegenwärtige Befindlichkeit, d.h. Laune, Stimmung, Disposition)

5 *Lebensgrundstimmung* (optimistische oder pessimistische Grundhaltung dem Leben gegenüber)

III. *Begegnungsebene*

6 Versteckter *Appell* (heimliches Anliegen, Erwartungen, Befürchtungen gegenüber dem Partner)

7 *Beziehung* (Begegnungshaltung, situativer Bezug zum Gegenüber, z.B. Sympathie)

8 *Zuwendungs*grundhaltung (Grundposition gegenüber allen anderen Menschen bezüglich Vertrauen und Mißtrauen, Offenheit und Reserve, sog. Zuwendungsposition)

9 *Selbstwert*grundhaltung (Grundposition gegenüber allen anderen Menschen bezüglich Über- und Unterordnung, sog. Selbstwertposition)

Beispiel:

Botschaft des Mitarbeiters an den Chef:
»Warum erhalte ich keine Lohnerhöhung?«
Nach voanstehendem Leitfaden ergeben sich folgende Interpretationsmöglichkeiten:

a) Sachebene

1 Faktum: Frage nach der Begründung einer ausgebliebenen, aber erwarteten Maßnahme an den Verursacher.
2 subjektive Bedeutung: Lohnerhöhung ist ein Anerkennungsbeweis. Wenn er ausbleibt, heißt das, die Leistung wird nicht geschätzt.
3 subjektiver Kontext (angenommenes Beispiel): Der neu eingetretene Kollege hat eine Lohnerhöhung erhalten. Der Sender setzt seine Leistung dem neuen Mitarbeiter gleich und steht nun vor einer ungleichen Behandlung von Mitarbeitern.
4 subjektiver Kern für Sender: Der Kollege wird bevorzugt behandelt. Vermutung: Benachteiligung der eigenen Person durch Fehlbeurteilung der Leistung oder durch Favorisierung des neuen Kollegen.
5 subjektive Bedeutung für Senderkultur: Ausbleibende Lohnerhöhung ist Ausdruck einer persönlichen Qualifikation.
6 subjektiver Kontext der Senderkultur: Nach den Regeln der Arbeitnehmervereinbarung hätte der Sender den Anspruch auf eine Lohnerhöhung. Keine Lohnerhöhung ist entgangenes Recht und ein »Fehler«.
7 subjektiver Kern für Senderkultur: Wer ungerechtfertigt zurückgwiesen wird, hat sich für seine Rechte einzusetzen, an erster Stelle mit der Abklärung der Ursachen, an zweiter Stelle mit wirksamen Maßnahmen.

b) Methodenebene

1 Instanzen: Der Mitarbeiter hat keine direkten Kompetenzen, sie liegen de facto ganz beim Chef. Jedoch hat er über andere Machtinstrumente (Arbeitnehmerorganisation) Ein-

fluß. Der Mitarbeiter spricht in der Rolle des Leistungsträgers des Unternehmens, in der Rolle des Mitmenschen des Chefs und in der Rolle eines Arbeitnehmers.

2 Ablauf: Der Sender eröffnet mit einer Warumfrage. Sie kann methodisch verschieden aufgefaßt werden: Situationsanalyse? Versteckte Anspruchsanmeldung bzw. Zielsetzung? Versteckter Vorschlag zur Behebung der Unzufriedenheit? usf. Vermutlich befindet sich der Sender bereits in einer fortgeschrittenen Problemlösephase.

3 Vernetzung: Lohnerhöhung berührt das Lohnsystem des Unternehmens und damit das System der Arbeitsplatzbewertung, Leistungserfassung und Leistungsbewertung, das System der Belohnung und Anerkennung, der finanziellen Beteiligung usf. Andererseits berührt es den privaten Finanzhaushalt des Senders, sein Budget, seine Ansprüche, aber auch seine Bezhiehung zu Geld usf.

4 Instrumente: Der Mitarbeiter konsultiert den Chef außerhalb des ordentlichen Lohngespräches oder Mitarbeitergespräches. Will er einen Termin für ein ausführliches Gespräch oder muß er jetzt den Ärger los werden? Welches sind die Rahmenbedingungen für die Behandlung der gestellten Frage?

5 Eigendynamik: Konfrontation Mitarbeiter-Chef hat die Tendenz, Machtkonflikte zu aktualisieren und den Chef zu provozieren, seine Machtposition auszuspielen.

c) Beziehungsebene

I. Ausdrucksebene

1 Gefühlsbesetzung: Der Sender fühlt sich benachteiligt, zurückgestellt, vielleicht sogar verraten und verlassen.

2 Wertbesetzung: Lohn nimmt bei ihm einen hohen Stellenwert ein, ist ein Meßinstrument für den Wert der eigenen Person im Unternehmen.

3 Hintergrund: Arbeitslohn ist nach der Herkunft des Senders ein entscheidendes Statussymbol, das nur bedingt etwas mit Leistung zu tun hat, sondern das man sich erkämpfen muß, indem man die Privilegien der Mächtigen ausnützt.

II. Befindlichkeitsebene

4 Gefühlslage: Sender ist verärgert und deprimiert.

5 Lebensgrundstimmung: »Im Grunde schaue ich kritisch in die Zukunft. Auch dieser Vorstoß wird letzlich nicht viel bewirken.«

III. Begegnungsebene

6 Appell: »Mehr Anerkennung!« Der Chef anerkennt offenbar seine Leistung zu wenig.

7 Beziehung: Vorwurf und Angriff, aber nicht offen, sondern Faust im Sack.

8 Zuwendungsgrundhaltung: »Autoritätspersonen muß man mißtrauen!«

9 Selbstwertgrundhaltung: »Ich bin einer, der meistens zu kurz kommt. Also werde ich auch hier nicht gewinnen.«

Mit dieser vielfachen Ausfächerung einer Botschaft wird der Chaosgehalt überdeutlich. Was soll der Empfänger aufgreifen? Wie soll er gewichten? Welchen Teil der versteckten Botschaft soll er zum Thema machen?

Die Chaosmöglichkeit geht aber noch über die geschilderte Vielfalt hinaus. Möglicherweise spielt der Sender nur etwas vor und läßt sein eigentliches Ziel völlig im dunkeln. Er möchte vielleicht nur die Gehaltssumme seines Kollegen erfahren? Oder er sammelt Munition, um dem Kollegen eines auszuwischen? Oder er benützt die Gelegenheit, sich an seinem Chef für frühere Frustrationen zu rächen usf. Damit eröffnet sich ein weiteres, höchst bedenksames Chaosfeld der Kommunikation.

Die Commedia dell'arte der Kommunikation

Keiner ist nach neuesten Erkenntnissen gefeit, unbeabsichtigt eine chaosfördernde Kommunikations-Komödie in Szene zu setzen, die er in seinem Leben permanent wiederholt. Gemeint sind hier jene unbewußten Fallen und Tricks, die sich Menschen gegenseitig stellen und die meist in einem unfruchtbaren Schlagabtausch oder in sinnlosem Zerreden enden. Diese kommunikativen Leerläufe haben Ritualcharakter und werden stereotyp in bestimmten Situationen abgespielt. Sie können sich verselbständigen und mächtiger als die Rollenträger werden. Sie laufen immer nach dem gleichen Muster ab und haben stets die gleiche Verteilung der Rollen.

Die Transaktionsanalyse nennt sie »Spiele der Erwachsenen« (33) und gibt den verschiedenen Mustern auch einprägsame Namen (»Jetzt habe ich dich endlich, du Schweinehund.« »Ich bin überlastet.« »Ist die Welt nicht schrecklich?«). Leider wird gerade im Berufsleben die Kraft der Spiele und der Aufwand für die Aufführung beträchtlich unterschätzt. Spiele helfen einerseits Chaos vermeiden. Wenn Spiele andererseits nicht mitgespielt werden, entsteht für den Komödianten Chaos. Dementsprechend verhindern Komödien Entwicklung und Kreativität.

Erkennungs-Merkmale von »Spielen«

- Ursache eines Spiels, d. h. eines Verhaltens, das man nicht will, aber dennoch laufend zeigt, ist ein tief sitzender Wunsch, dessen Erfüllung ich mir nicht versagen kann.
- Die Wirkung des Spiels ist wie eine Droge. Es betäubt, das heißt, es entfremdet die Realität und untersteht einem Wiederholungszwang. Man ist süchtig, ohne sich süchtig zu fühlen.
- Das Ziel des Wunsches wird nie erreicht, sondern von einer anderen Ich-Instanz sabotiert, welche die Situation so arrangiert, daß der Wunsch nicht in Erfüllung gehen kann. (Das Eltern-Ich sagt: Du kriegst eh nicht, was Du willst.)
- Im Verhalten zeigt sich eine Ambivalenz. Ich tue so, als wollte ich es; verhalte mich aber so, daß ich es nicht gewinne. (Ich möchte geliebt werden, verhalte mich aber so widerborstig, daß mich der andere ablehnt.)
- Das Spiel endet stets mit einer Niederlage. Schlechte Gefühle steigen auf und bestärken den Teil der Person, welcher die Wunscherfüllung sabotierte. (Siehst Du, da hast Du den Dreck: Du wirst ohnehin von niemandem geliebt.) Die schlechten Gefühle werden unter Umständen wie Rabatt-

marken gesammelt und eines Tages mit einem Racheakt eingelöst.

Sinn der »Spiele«:
- Spiele wiederholen eine alte Szene, meistens aus der Kindheit, die sich durch tausendfache Wiederholung eingeprägt und automatisiert hat und auf bestimmte Anreize hin wie ein Instinktverhalten abläuft. Das Spiel hatte in seinen Anfängen Sinn, verselbständigte sich später und wird lebenslänglich sinnlos weiterproduziert.
- Die alte Szene ist gefühlsmäßig verankert, d. h. sie erfüllt einen alten Wunsch an die Eltern, mit dem sich der Spieler einst die Elternliebe erkaufte oder mit dem er die Eltern vor Ungemach und Ärger schützte.
- Durch die Wiederholung des Spieles wird der alte Kaufvertrag mit den Eltern aufrecht erhalten. Solange das Spiel läuft, stellt sich das Gefühl der (erkauften und deshalb unechten) Geborgenheit ein. Dieses Gefühl wird durch die Wiederholung geschützt und die dahinter lauernde Angst, die Elternliebe zu verraten, in Schach gehalten.
- Damit das Spiel auch in der Gegenwart sinnvoll wird, wird die Wahrnehmung der Realität während dem Spiel ausgeblendet und durch alte innere Bilder ersetzt, die der alten Szene entsprechen. Das Gegenüber erhält die Rolle des alten Gegenübers. Das Ich spielt seine alte Rolle. Der Verstand rechtfertigt diese Überdeckung, indem er aus der Jetzt-Situation Gründe bezieht, welche das Spiel erklären.

Kontrollmöglichkeiten von »Spielen«:
Kontrolle des eigenen Spiels:
- Zwischen Aufsteigen des Wunsches und dessen Realisierung eine Pause einschalten: Sich zurücknehmen!
- Sich gestatten, den unterdrückten Wunsch zu äußern.
- Sich erlauben, daß der andere auf den Wunsch eingeht und ihn darauf eingehen lassen.

Kontrolle der Spiele anderer:
- Aufmerksamkeit abziehen, Spiel ignorieren
- Schauplatz blitzartig verlassen

- Tätigkeit wechseln, Thema wechseln
- bewußt und leicht übertrieben mitspielen
- Spiel aufdecken und ohne Kritik erklären
- zugedachte Rolle nicht übernehmen, sondern Gegenrolle dazu spielen.

Sich völlig den eigenen oder fremden Stereotypien zu entziehen, käme einem Rückzug in die Mönchsklause gleich. Zicken und Macken gehören zum Leben und sind wie organische Mißbildungen zu akzeptieren. Kein Mensch verzichtet darauf, selbst wenn unverhältnismäßig viel Zeit und Energie für die Aufführung der Komödie eingesetzt wird, denn die Spiele erhalten das innere Gleichgewicht. Es gilt deshalb:

- Jeder Mensch hat seine Festgelegtheiten, Allüren, Marotten, Schrullen, seine Spleens und Ticks, die er unermüdlich wiederholt
- Oft umfassen diese Automatismen eine ganze Reihe von Interaktionen, die aber alle unter demselben Vorzeichen ablaufen. Für die Spielmöglichkeit dieser Muster wird viel geopfert, viel bezahlt und unter Umständen dafür gekämpft.
- In der Regel hat der Spieler sein Theater ausstaffiert mit Requisiten, Gegenspielern, Mitspielern, Statistiken, Zuschauern usf., so daß daraus oft ein Drama mit Eröffnung, Höhepunkt und dramatischem Abgang wird.
- Zur Begründung der Aufführung hat der »Regisseur« einen hieb- und stichfesten Argumentationskatalog aufgestellt, der ständig durch situative Begründungen erweitert und angereichert wird. Das Repertoire ist so reich, daß dem Spiel argumentativ nicht beizukommen ist.

Witze, Anekdoten, die Belletristik sind voll von Belustigungen über die menschliche Komödie dell'arte (dreimal den gleichen Typ Frau heiraten, immer den gleichen Typ Chef wählen, immer im gleichen Moment gewinnen oder verlieren, d. h. immer in die gleiche Falle tappen). Offenbar hat das Spiel trotz seinem unangenehmen Ausgang auch eine unterhaltsame Seite, wenn man sich dagegen absetzen kann. Dort, wo es tierisch ernst vorgetragen wird und Anspruch auf Verbindlichkeit erhebt, sollte es mit Witz oder mit Metakommunikation seines destruktiven Charakters entkleidet werden. Das gilt besonders für die folgenden Komödien.

- *Die Rollenkomödie:*

  Das trotzige Kind, der hilfsbereite Samariter, der bemitleidenswerte Geschädigte, der Held, der Rächer, der Besserwisser . . . sie alle spielen ihre Rolle in der Rollenkomödie auch zu Unzeiten mit gekonnter Perfektion, so daß die Umwelt nicht umhin kann, darauf einzutreten und ihren Part zu übernehmen. Rollen gehören natürlich zum Leben. Wir alle übernehmen mehrere Rollen in Beruf, Freizeit, Familie, im Militär und als Bürger, jedoch ohne darauf festgelegt zu sein, sondern angepaßt an die übernommene Funktion und die damit verbundenen Pflichten und Rechte. Das Rollenspiel wird zum »Affentheater«, wenn es da laufend und stereotyp inszeniert wird, wo es nicht hingehört. (Der Vater spielt Militär-Hauptmann in der Familie und im Unternehmen. Der Manager spielt nur Vater im Unternehmen. Der Vereinspräsident spielt konsequent Vereinsmeier am Arbeitsplatz usf.)

- *Die Machtkomödie:*

  Das Ziel dieser destruktiven Komödie ist immer dasselbe: entweder um jeden Preis zu gewinnen oder zwanghaft zu verlieren, d. h. entweder immer der bessere, tüchtigere, schönere, klügere, geschicktere zu sein, oder immer umgekehrt der geprellte, unverstandene, übergangene, folgsame, brave Mensch zu sein. Indem man sich größer macht oder den anderen kleiner, kann man es immer einrichten, oben zu bleiben. Umgekehrt, indem man sich kleiner macht oder den anderen größer, wird man immer zum zweiten (siehe der kleine Gernegroß und der große Gerneklein im letzten Kapitel).

- *Die Missionskomödie:*

  Der Missionar hat einen Auftrag erhalten, den er um jeden Preis erfüllen muß. Meistens stammt er aus dem Elternhaus und ist ein unausgesprochener Wunsch des gleichgeschlechtlichen Elternteils (Führe die Familientradition fort! Werde ein Retter der Menschheit! Oft wird er später im Leben geadelt und zur Maxime und Ethik erkoren. (Helfe den Armen! Führe die Schwachen! Übernimm Verantwortung!) Oder er wird in einer Ideologie oder Kultur wiedergefunden und nun zur Weltanschauung erhoben. (Revolution statt Evolution! Führung ist immer autoritär! Die Machthabenden sind böse!) Statt eine passende Glaubenslehre für das Spiel zu suchen, kann umgekehrt aus dem Spiel selbst eine neue Heilslehre oder eine politische Bewegung geschaffen werden.

– *Die Lehrkomödie:*
Lehr- und Wanderjahre haben unsere Ansichten über die Welt geprägt. Jeder ist einmal durch eine bestimmte Denkschule gegangen und hat vor allem das assimiliert, was seine Komödie bestätigt und rechtfertigt. Die Theorie oder Lehre legt dem persönlichen »Affentheater« ein beschönigendes Mäntelchen um. Keiner braucht sich einer Stereotypie zu schämen, wenn sie von Experten, Wissenschaftlern oder von einer ganzen Subkultur vertreten wird (Nationalsozialismus, Faschismus, Kommunismus, Liberalismus und andere »-ismen«). Daß die Verkündigung der Lehre ein Lehrtheater ist, merkt man spätestens, wenn die Umwelt sich so geändert hat, daß die Theorie ihre Gültigkeit verliert und die Anschauung und damit darin versteckt das eigene Spiel gegen alle Widerstände aufrechterhalten wird.

Die »Comedia dell'arte« kann für Familien, Organisationen und ganze Nationen – wie wir alle erfahren haben – verhängnisvoll werden. Dennoch bestehen praktisch keine wirksamen Einfluß-Möglichkeiten, das Spiel abzubrechen, wenn der Spielende nicht zu einem Wandel bereit ist. In solchen tragischen Fällen bleibt denjenigen, die vom Spielenden abhängig sind, nichts anderes übrig als:

– die Komödie mitzuspielen, das heißt
– den Spielenden zu begleiten,
– mit ihm zu gehen, wohin er will

- sich jeglichen Urteils zu enthalten
- zusehen, was passiert

und

- auf den Augenblick sperbern, wo die wahre Persönlichkeit durchscheint oder wo die Komödie beendet ist.

4. CHAOS ZWISCHEN DEN GENERATIONEN

Generationenwechsel in der Wendezeit: Konfrontation zweier Führungskulturen

Die Entwicklung der Zeitgeschichte kennt kein Zurück. Auch wenn sich nach der Theorie des Pendelschlages gewisse Leitwerte wiederholen, sind sie jedesmal in einen derartig verschiedenen Kontext eingebettet, daß für die Folgegeneration ein Neuanfang beginnt. So hat sich denn jede Generation wieder zur Aufgabe zu machen, die Festgefahrenheiten der vorderen aufzulösen.

Die gegenwärtige junge Generation wird es in dieser Hinsicht nicht leicht haben, denn die Werte der alten und der jungen Generationen liegen weit auseinander, so daß der Generationenwechsel unserer Zeit mehr Reibungsflächen ausgesetzt ist. In verschiedener Hinsicht ist der gegenwärtige Generationenwechsel ein Sonderfall:

- Wir stehen in einer Wendezeit, die in wenigen Jahrzehnten jahrhundertealte Werte auf den Kopf stellt (34)
- Der Wertewandel ist besonders konfliktträchtig, da die alte Generation viel aufgeben muß und die junge wenig gewinnt. Die junge Generation hat wenig reale Hoffnung auf eine neue bessere Welt wie in den Generationenwechseln früherer Jahrhunderte (35). Die Erhaltungstendenz der alten Kultur erfährt dadurch Auftrieb und die junge geht eher in die Defensive.
- Die Frage, welche Werte die »richtigen« seien, beschäftigt beide Generationen. Beide wissen im Grunde, daß es darauf keine eindeutige Antwort gibt und erst die weitere Entwicklung die Antwort erteilt.
- Die Entwicklung in eine Sackgasse (36) läßt die alte Generation selbst an ihrem Wertsystem zweifeln und gibt der jungen Generation in der Verfolgung neuer Werte tendenziell recht.

- Die Unfähigkeit der älteren Generation, die zentralen Weltprobleme zu lösen, wird als Erbe überlassen, das die junge
Generation aber ausschlägt.

Die Sackgasse der alten Kultur läßt sich an verschiedenen Beispielen belegen. Eines der alltäglichsten wird aber oft unter-
schlagen: die erstarrte Entwicklung von Organisationen unter
der Führung der alten Generation.
Wir stehen in der Unternehmensführung trotz enormer Verbesserung der Management-Technik und trotz der immensen
Hilfe der Datenverarbeitung vor einer Blockade, die sich die
alte Generation anzulasten hat und von der sich die junge absetzen möchte:

- *Unternehmenserstarrung:*
  Viele Unternehmen haben sich zu unbeweglichen Dinosau-
  riern mit einer starren Ordnung deformiert, denen die rasche
  Anpassung an die stets wechselnden Forderungen des Mark-
  tes nicht mehr gelingen will.

- *Fachidiotentum:*
  Der Ausbau der Hilfsfunktionen (Stäbe) und der Einsatz von
  Spezialisten entfremdet die Unternehmen der Alltagserfah-
  rung. Der »gesunde Führungsverstand« wird durch das
  Fachexpertentum verdrängt. Es entsteht ein permanenter
  Konflikt zwischen Experten und verantwortlichen Anwen-
  dern.

- *Entwicklungsschock:*
  Der wirtschaftliche Umschwung verleitet zu hektischen
  Überanpassungen oder zu einem inaktiven Abwarten. Viele
  Führungskräfte sind der Umstellung nicht gewachsen und
  flüchten in leere Betriebsamkeit oder resignieren aus Un-
  sicherheit.

- *Beziehungsvakuum:*
  Die unterschiedliche Entwicklung von Außenwelt und
  Unternehmen schafft Spannungen in den Führungsetagen.
  Die alte Generation meidet die Konfliktaustragung, versucht

mit starken Strukturen die Führung auszubauen und schiebt personelle Entscheidungen vor sich her.

- *Pseudo-Führung:*
  Die Führungskräfte spüren, daß sie an Wirkung verlieren und möchten wieder Boden gewinnen. Der Management-Markt bietet ihnen dazu Hilfen an (Management by partizipation, by objectives, by delegation, by exception), die sie schematisch übernehmen, was zu Pseudo-Partizipation und Pseudo-Delegation führt.

- *Papierflut:*
  Um schwierigen Entscheidungen (und damit dem Chaos) aus dem Wege zu gehen, werden Sicherheitssysteme aufgezogen in Form von Regeln und Strukturen. Gewisse Unternehmen ertrinken im Wust der Reglemente und Vorschriften.

- *Planungsphobie:*
  Um die Entwicklung besser in den Griff zu bekommen, finden Planungsverfahren gute Aufnahme. Der äußeren Planungshektik steht aber ein innerer Planungsunwille entgegen, was sich in der mangelhaften Realisierung vieler strategischer Planungen niederschlägt.

- *Führungsabstinenz:*
  In den schlimmsten Fällen ziehen sich die verantwortlichen Führungskräfte verunsichert aus dem Tagesgeschehen in ihre Büros zurück, scheuen den Kontakt mit den Frontleuten, drücken sich vor risikoreichen Entscheiden und vermeiden es, persönlich und mutig Stellung zu nehmen.

Diese Sammlung von Entwicklungsblockaden in den heutigen Unternehmen veranschaulicht, wie chaosscheu die Führungsgeneration ist, die gegenwärtig am Steuer steht. Die junge Führungsgeneration reagiert darauf mehrheitlich mit Ohnmacht. Die Kluft zwischen alter und neuer Kultur scheint unüberbrückbar. Dies hängt einesteils mit der Entstehung der alten Führungskultur zusammen, andererseits wirkt sich die Gegensätzlichkeit der Wertvorstellungen beider Kulturen aus.

Darauf soll näher eingegangen werden, weil am Kulturkonflikt der Führungsgenerationen die Phänomene eines Kultur-Chaos generell veranschaulicht werden können.

Die Entstehung von Wertordnungen

Wertordnungen manifestieren sich in festen Meinungen, Überzeugungen und Normen. Eine Überzeugung wird sichtbar, wenn ein Urteil gebildet, eine Lösung zu einem Problem gesucht oder ein Ziel angestrebt wird. Sie kann ursprünglich an der Quelle gefaßt werden, wenn äusserer Handlungsimpuls und vollzogene Handlung verglichen werden. Es eignen sich dafür alle Operationen, die auf einem Außenreiz basieren und in eine subjektive Deutung münden, wie zum Beispiel:

- Ich sehe einen Mißstand (1. Schritt) und habe dafür eine Erklärung (2. Schritt).
- Ich stehe vor einem Problem (1.) und greife ein Teilproblem heraus (2.).
- Ich haben eine Vielzahl von Lösungen erarbeitet (1.) und entscheide mich für eine (2.).
- Ich verfüge über zwei Fakten (1.), setze sie in Beziehung (2.).

Zwischen dem Ausgangsimpuls und der daraus folgenden Aktivität steht die subjektive Interpretation des Phänomens. In der Interpretation werden die kulturell bedingten Überzeugungen sichtbar. Sie schieben sich als intervenierende Variable zwischen Wahrnehmen und Meinungsbildung ein und werden damit zum Leitmotiv des Handelns (37).

Beispiel:
Stellen wir uns einen Vorgesetzten vor, der in seiner Arbeitsgruppe einen Mitarbeiter hat, der gute Leistungen erbringt, aber zu Sondereinsätzen nur widerwillig bereit ist und seinen Feierabend pünktlich anzutreten pflegt. Der Vorgesetzte beschließt eine Motivationsaktion, um den Mitarbeiter zu höherem Einsatz anzuspornen, allerdings ohne Erfolg. Die anschließende Suche nach dem intervenierenden Muß fördert in diesem Fall die Überzeugung zutage, daß »ein Vorge-

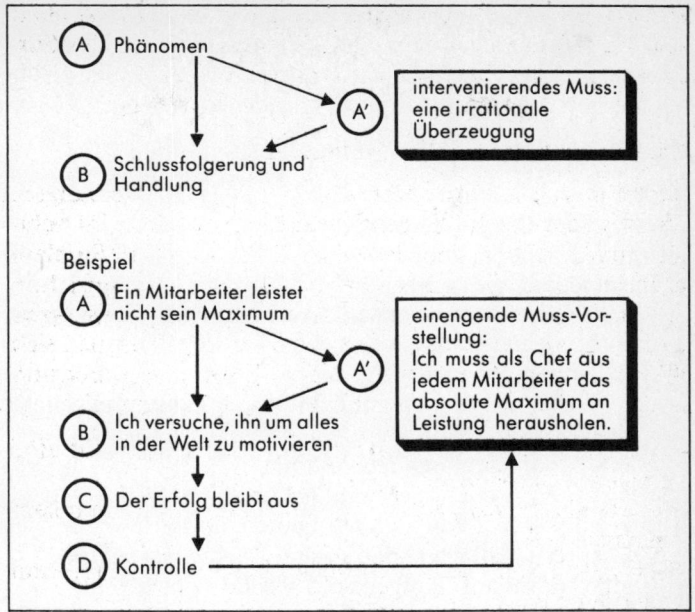

setzter verpflichtet ist, das absolute Maximum an Leistung aus jedem Mitarbeiter herauszuholen«. Jedermann wird hier einwenden, daß diese Überzeugung doch den realen Anforderungen einer Führungskraft entspricht. In der Tat besteht das Irreale der Überzeugung auch nur im *Grad* der Gültigkeit: »absolut« und »jeder«. Es ist realistisch betrachtet unmöglich, daß *jeder* Vorgesetzte *immer* nur über Mitarbeiter verfügt, die *alle* das *absolute* Leistungsmaximum erreichen.

Je älter eine Muß-Verpflichtung ist, je früher im Leben übernommen, desto hartnäckiger widersetzt sie sich einer Auflösung. Um eine adäquate Behandlung zu wählen, ist es nützlich, verschiedene Kategorien von irrationalen Überzeugungen nach ihrer Herkunft zu unterscheiden.

Die Kulturverpflichtungen:
Sie entstammen unserem christlich-abendländischen Weltbild oder sind Ausdruck gegenwärtigen Weltverständnisses. Die

biblischen Gebote, alte tradierte Wertvorstellungen (ora et labora, im Schweiße Deines Angesichts sollst Du . . .) und Normen der Gesellschaft, die unser Zusammenleben regeln, gehören hierher. Die kulturellen »Muß«-Vorstellungen nach *Kahler* (38):
– Sei (immer) perfekt!
– Müh Dich (bis zum letzten) ab!
– Sei (immer absolut) liebenswürdig!
– Beeil Dich (hopp, hopp)!
– Sei (in jeder Lage) stark!
Die kulturellen »Muß«-Vorstellungen nach *Ellis:* Sogenannte irrationale Ideen (39)
Ich *muß* unbedingt:
– von *jeder* Person in meinem Umfeld anerkannt und geliebt werden,
– *jederzeit* kompetent handeln können,
– schlechte Menschen *rügen* und *bestrafen*,
– mich über Fehler von anderen Leuten *aufregen*,
– dafür sorgen, daß die Dinge so sind, *wie sie sein sollten.*
Folgende Normvorstellungen sind absolut richtig:
– Der Mensch kann wenig Einfluß auf seine persönlichen Probleme nehmen.
– Über Gefahren hat man sich jederzeit ernsthafte Sorgen zu machen.
– Es ist leichter, Schwierigkeiten auszuweichen, als sich ihnen zu stellen.
– Auf andere muß man sich absolut verlassen können.
– Was mein Leben früher einmal beeinflußte, läßt sich nicht mehr ändern.
– Für jedes Problem gibt es eine perfekte Lösung.

Die Rollenverpflichtungen:
Die Rolle des Chefs ist wie jede andere Rolle (Vater, Bürger, Mitarbeiter, Parteiangehöriger . . .) durch Pflichten und Rechte definiert. Diese können durch persönliche Übergewichtung und Verzerrungen zu Verhaltenszwängen werden. »Der Vorgesetzte ist Vorbild« wird zum Beispiel zur absoluten Forderung: »Der Vorgesetzte darf (nie) eine Schwäche zeigen.«

Elternverpflichtungen:

Viele Entscheidungen werden nach einem unbewußten Lebensplan gefällt, der in der Kindheit unter dem Einfluß der elterlichen Erziehung entstanden ist. Die Befolgung der elterlichen Botschaften, auch im reifen Alter, wird nicht als Zwang empfunden, sondern als der Persönlichkeit entsprechendes natürliches Handeln.

- Welches waren die Erwartungen und Ängste der Eltern? (»Werde nicht wie Onkel Max!«)
- Welche Lebensregeln sind häufig wiederholt worden? (»Erst die Arbeit, dann das Vergnügen!«)
- Welche direkten Verhaltensanweisungen sind heute noch gültig? (»Sei nicht allzu ehrgeizig!«)
- Welche Verwünschungen und Glückwünsche wirken nach? (»Aus Dir wird nie etwas Rechtes!«)
- Welche geheimen Provokationen sind erfüllt? (»Werde Du, was ich nicht konnte, etwa Künstler.«)
- Welche Etiketten sind akzeptiert? (»Du bist und bleibst unordentlich.«)

Lebensverpflichtungen:

Diese Überzeugungen sitzen noch tiefer und sind so stark im Erlebens- und Verhaltensmuster verankert, daß sie oft nicht recht ausgemacht werden können. Hierher gehören die Grundeinstellungen gegenüber sich und anderen (»ich verliere immer, andere gewinnen«), Lieblingsgefühle (»jedem ist zu mißtrauen«) oder Begegnungsmuster (»ich bin zerbrechlich«) oder bevorzugte Spiele (»ich werde Dich erwischen und beweisen, daß ich besser bin«).

Erfahrungsverpflichtungen:

Sie lassen sich mit einer einfachen Frage enthüllen: »Was würde ich am liebsten tun?« oder: »Was wäre meine ideale Lösung?«. Das Vorherrschen einer Erfahrungsverpflichtung ist am ehesten daran erkennbar, daß neue Lösungen sofort bewertet und klassifiziert werden.

Diese Werthierarchie, gebildet aus den Quellen Kultur, Rolle, Elternhaus, Lebenshaltung und Erfahrung, stellt nur einen Ausschnitt aus der Geographie der Wertelandschaft dar, jedoch greift sie diejenigen heraus, die eine Organisation bestimmend beeinflussen.

Eine geographische Weltkarte der Wertelandschaften umfasst noch andere »Kontinente«, die natürlich auch die bereits genannten beeinflussen im hemmenden oder fördernden Sinne.

»Weltkarte der Wertelandschaft«

1. *stammesgeschichtlich-biologische Wertgrundlage*
   (zum Beispiel: Nahrung, Fortpflanzung und Sicherheit)
2. *stammesgeschichtlich-menschliche Wertsetzungen*
   (zum Beispiel: Neugierde, Tötungshemmung, Übersich-hinausstreben)
3. *epochaltypische-kulturelle Werte*
   (zum Beispiel kriegerische Tapferkeit im Mittelalter, Konsumerismus in der Neuzeit)
4. *regional-kulturelle (nationale) Werte*
   (zum Beispiel kompetitive-individualistische Willensdurchsetzung in USA und konsensorientierte und kooperative in Japan)
5. *schichtspezifische-kulturelle Werte*
   (zum Beispiel Gehorsam und Sauberkeit in der Erziehung der Grundschicht, Wißbegierde und Selbstkontrolle in der Erziehung der Mittelschicht)
6. *milieubedingte-regionale Werte*
   (zum Beispiel städtische oder ländliche Umgebung in der Kindheit)
7. *familienbedingte Werte*
   (zum Beispiel Verhältnis zur Arbeit: Ohne Fleiß kein Preis!)
8. *introjizierte Skriptwerte*
   (zum Beispiel Selbstwertgundhaltung, Zuwendungsgrundhaltung, Lebensgrundstimmung)
9. *Erfahrungswerte*
   (zum Beispiel: »Mißtraue Beamten!« oder »Kontrolle ist besser als Vertrauen!«)
10. *Werte der Berufs- und Freizeitwelt*
    (zum Beispiel des Wirtschaftssektors, der Branche, des Arbeitgebers, des Bereiches, der Arbeitsgruppe, der persön-

lichen Berufsfunktion, der Berufsrolle. Hierher gehören auch spät erworbene Werte aus der Welt der Freizeit wie Werte des Clubs, des Vereins, der Sportgruppe, der politischen Zugehörigkeit, der konfessionellen Zugehörigkeit, sofern sie nicht bereits früher durch andere Quellen vorgeprägt sind.)

Die Ordnungshüter (A-Typ) und die Chaoten (B-Typ)

Wenn im folgenden zwei Typen von Wertelandschaften beschrieben werden, so handelt es sich um Größenordnungen – um im geographischen Bild zu bleiben – von Wertekontinenten. Woher die Unterschiedlichkeit der Werte stammt, ist in dieser groben Vereinfachung nicht auszumachen. Es ist anzunehmen, daß die Werte über alle Kanäle tradiert worden sind, sowohl über die Gesellschaft, als auch über das Elternhaus. Unsere Hypothese geht davon aus, daß eine epochaltypische Werte-Entwicklung die Bildung der zwei Wertekontinente gefördert hat. Das kann jedoch nur vermutet werden.

Die beiden Kulturtypen sollen wiederum in einem relativ engen sozialen Feld untersucht werden: In den Führungsetagen der Wirtschaftsunternehmen. Hier haben sich nach den Beobachtungen im letzten Jahrzehnt zwei Kulturen etabliert, die wir einfachheitshalber die A-Kultur (A-Typ) und die B-Kultur (B-Typ) nennen, die sich hinsichtlich fundamentaler Wertsetzungen hinsichtlich des Führungs- und Unternehmensverständnisses radikal unterscheiden.

Die Generation der *Ordnungshüter* (A-Typ) bezieht ihr Führungsleitbild aus der Zeit der Wachstumseuphorie. Wachstums- und Fortschrittglaube sind eingewurzelt. Sie werden genährt durch eine hundertjährige Tradition des Machbarkeitsglaubens in Technik und Naturwissenschaften. Der mühsam erkämpfte moderne Lebensstandard wird als eigene Errungenschaft gewertet und verteidigt. Wirtschaftliche Engpässe werden als vorübergehende Rückschläge einer expansiven Vorwärtsentwicklung interpretiert.

Die optimistische Grundhaltung des A-Typ ist gepaart mit der Einordnungs- und Unterordnungsbereitschaft, mit der sich diese Generation emporgearbeitet hat. Sie hat gelernt, sich den herrschenden Bedingungen und Normen zu unterziehen und sich einer übergeordneten Aufgabe bis zur Selbstaufgabe bedingungslos zu stellen. Die absolute Hingabe an eine Sache und das Durchhaltevermögen (»Vogel friss oder stirb«) ist die Grundlage für die hohe Belastbarkeit und die Bereitschaft, Verantwortung zu tragen, auch wenn sie schwer lastet. Der A-Typ hält sich an einmal erstellte Ordnungen (Hierarchie, die heilige Ordnung). In seiner Wertwelt zählen Erfahrungen und Sicherheit viel. Mit Wertordnungen wird grundsätzlich nicht experimentiert, denn Wertordnungen sind unantastbar wie alle tradierten Ordnungen.

Unter seinen wichtigsten Glaubenssätzen sind beim A-Typ zu nennen:

Glaube Nr. 1:
Entscheide und handle aufgrund Erfahrung!

Glaube Nr. 2:
Sei zuversichtlich!

Glaube Nr. 3:
Sei rücksichtsvoll! Ordne Dich ein!

Glaube Nr. 4:
Beiss auf die Zähne! Halte durch!

Glaube Nr. 5:
Ordne Dich einer Aufgabe unter! Zuerst die Aufgabe, dann die Person!

In der jungen Generation der Chaoten (B-Typ) spiegelt sich dagegen ein neuer Zeitgeist: Die Werte sind generell ralativiert. Der Optimismus ist einem Skeptizismus gewichen. Der B-Typ orientiert sich stärker an der Gegenwart als an Zukunft und Vergangenheit. Er versucht das Real-Mögliche zu nutzen, ohne sich und die Umwelt zu strapazieren. Er hat eine ausgesprochene Antenne für die Einschätzung des Hier und Jetzt und belastet sich dabei weniger mit Vorurteilen.
Die Desillusionierung der letzten 15 Jahre hat die Technolo-

giegläubigkeit des B-Typs ins Wanken gebracht. Das Bewußtsein für Grenzen hat in allen Lebenslagen zugenommen. Der B-Typ kann leichter verzichten und zurückstecken, aber auch unverschämter fordern und Wohlstand genießen. Vor allem fällt es ihm leichter, seine Bedürfnisse zu artikulieren. Er nimmt weniger Rücksicht und erschreckt durch eine brutale Offenheit, mit der Konflikte und Tabus angegangen werden. Anstelle absoluter Hingabe kalkuliert der B-Typ seine Kräfte schärfer und ist härter im Geben und Nehmen. Der abgewogene Energieaufwand, bei dem Überlegungen des persönlichen Nutzens durchaus Platz finden, setzt seinem Engagement Grenzen und schützt ihn aber auch vor Fehlinvestitionen und Leerläufen.

Der B-Typ legt flexiblere Maßstäbe an, urteilt elastischer und setzt mehr Flair und Gespür ein als der A-Typ. Dementsprechend mißtraut er Experten, hinterfragt Ordnungen und ist für Experimente mit Neuordnungen relativ offen. Das heißt, er steht dem Chaos, der Auflösung von Strukturen und der Änderung von Normen gelassener gegenüber.

Die Normen des B-Typs können im Gegensatz zum A-Typ wie folgt definiert werden:

Glaube Nr. 1:
Bleibe nüchtern und im Hier und Jetzt!

Glaube Nr. 2:
Beachte von Anfang an die Grenzen!

Glaube Nr. 3:
Sei offen und direkt!

Glaube Nr. 4:
Handle rasch entschlossen! (Subito)

Glaube Nr. 5:
Kalkuliere Deine Kräfte!

Die genannten Muß-Vorstellungen formen Handeln und Verhalten. Die beiden Generationen treten dadurch unterschiedlich im Führungsalltag auf:

Handlungsbestimmende Werte der A-Kultur	Handlungsbestimmende Werte der B-Kultur
Wachstums- und Fortschrittsglaube	Orientierung an realen Grenzen
optimistische Lebensgrundhaltung, Zuversicht	kritische Grundhaltung
Linien- und Selbsttreue	wendiges Eingehen auf Jetzt-Situation
soziale Verantwortung und Rücksichtnahme	brutale Offenheit
unerschöpfliche Hingabe	Kräftekalkül
hohe Belastbarkeit	geringe Frustrationstoleranz

Überbrückung beider Kulturen

H. V. Perlmutter (40) unterscheidet drei Modelle von Wirtschaftsstrukturen: das klassische industrielle Modell (Paradigma A), das unserem Kulturtyp A entspricht, ein Anti-Wachstums-Modell (Paradigma B), das sich gegen das klassische Modell stellt, und ein partnerschaftliches Modell (Paradigma C), das die zukünftige Entwicklung vorwegnimmt. Der oben beschriebene Kultur Typus B entspricht nicht dem Paradigma B. Er ist keine Gegenkultur, die aus Opposition zum Typus A entstanden ist, und keine Wunschkultur, die von politischen Splittergruppen oder gesellschaftlichen Randgruppen getragen wird, sondern eine eigenständige Bewegung, die alle Gesellschaftsschichten durchzieht.

Da die B-Kultur erst in den letzten 10 bis 20 Jahren entstanden ist, wird sie der jungen Generation zugeschrieben. Sie bleibt aber nicht auf jugendliche Führungskräfte beschränkt. Viele Manager mit gestandenem Alter haben die Werte der jungen Generation (B-Kultur) übernommen, und viele junge Nachwuchskräfte haben sich fest der alten Generation (A-Kultur) verschrieben. Es schlägt sich hier eben eine epochale Entwicklung nieder, die quer über die Altersstufen läuft und eher eine Frage der Mentalität als des Lebensalters ist.

Nichts desto weniger wird in Organisationen die Kluft der zwei

Kulturen im Generationskonflikt spürbar, wenn die Vertreter beider Kulturen nach Geisteshaltungen polarisiert werden. Das ausbrechende Verständigungschaos verunmöglicht einen Konsens, da von grundsätzlich unterschiedlichen Weltbildern her argumentiert wird:

A-Kultur: *Paradigma des Newton-Zeitalters*	*B-Kultur:* *Paradigma des new age*
Sache und Wert bzw. Bedeutung sind zwei Dinge, die zu trennen sind	Sache und Wert sind untrennbar verbunden
Verstand und Vernunft sind von Emotion und Stimmung zu trennen	Kopf und Herz lassen sich nur theoretisch trennen
Erst wenn Phänomene meßbar gemacht werden, kann man sie bearbeiten	Qualitäten sind ebenso wichtig wie Quantitäten
Richtig ist, was logisch ist	Irrationales hat eine ebensolche Bedeutung wie Rationales
Ziel ist, alles unter Kontrolle zu bringen	Der Mensch wird nie alles kontrollieren können
Die Welt ist ein Baukasten, der von den Elementen her begriffen werden muß	Das Ganze ist mehr und etwas anderes als die Teile
Lebende Systeme verhalten sich grundsätzlich wie technische Apparate	Lebende Systeme sind nicht reduzier- und manipulierbar
Der »Fortschritt« hält an. Wir werden immer mehr wissen und können.	Fortschritt ist nicht immer Fortschritt. Wir werden nie alles wissen.

Wenn die B-Kultur eine irreversible epochale Wende einleitet, wird in der Übergangzeit die A-Kultur nicht darum herumkommen, sich mit der B-Kultur zu verständigen. Das fällt der Führungsmannschaft mit A-Kultur nicht leicht, weil sie viele erfolgreiche Werte und Tugenden aufgeben muß.

Die A-Kultur wird sich der B-Kultur annähern, wenn sie versucht, sich mit folgendem strategischen Führungsverhalten anzufreunden:

Strategie 1: Nicht nur mit Strukturen, sondern auch mit *Prozessen* führen!

Die Welt ist kein Räderwerk, das Unternehmen kein Puzzle, die menschliche Beziehung nicht ein Kalkül. Menschen und menschliche Systeme verhalten sich wie Organismen: sich selbständig und nicht vorausbestimmbar verändernd und unaufhörlich entwickelnd. Keiner kann sich aus diesem Entwicklungsprozeß herauslösen. Jeder ist jederzeit mitten drin und deshalb immer befangen.

Strategie 2: Prozesse sind *interaktiv* und *zirkulär* zu verstehen!

Führen, das heißt jemanden (oder auch eine Sache, die immer von jemanden verwaltet wird) beeinflußen, ist kein einseitiger Vorgang, sonder immer zweiseitig. Es nützt nichts, so zu tun, wie wenn man allein unbeeinflußt entscheiden und handeln könnte. Jedes Meinen und Tun hat eine Wirkung und antwortet auf eine Wirkung. Dieser Kreisprozeß kann nie entflochten werden.

Strategie 3: Das *Potential* ist *da*, es muß nur genutzt werden!

Vertrauen in die verborgenen Fähigkeiten anderer ist eine Grundvoraussetzung, um in sozialen Systemen wirksam zu werden. Jede Organisation ist fähig, ihre eigenen Probleme zu lösen, wenn sie die Willensbildung dezentralisiert und die Mitarbeiter zur Mitwirkung animiert.

Strategie 4: *Friktionen* können *gelöst* werden!

Nicht der friktionslose Ablauf ist das Ideal, sondern das Austragen der anstehenden Konflikte. Dazu darf die nüchterne, offene Problemanalyse nicht umgangen werden, auch wenn sie von einzelnen als brutal empfunden wird. Nur durch die kontinuierliche Pflege des persönlichen Dialogs von Angesicht zu Angesicht wird gewährleistet, daß die Konflikte auf den Tisch kommen!

Strategie 5: Allenthalben mehr *Freiheitsgrade*!

Reglemente, Strukturen, Systeme, Vorschriften lösen nur einen Teil der Probleme oder nur bestimmte Arten von Problemstellungen. Freiräume, Pufferzonen (vor allem geistige) geben mehr Mut zum Experiment und setzen Kreativität frei. Sie erleichtern die Zulassung des Chaos!

Als bestes Medikament für die Entschärfung des Generationenkonfliktes wirkt die Bereitschaft beider Kulturen, Chaos zuzulassen, das heißt, jenseits der eigenen Erfahrung und jenseits erprobter Hilfsmittel zu versuchen, tradierte Werte zu hinterfragen und mit neuen zu experimentieren. Der kleine Professor, jene pfiffige Instanz im Kind-Ich mit der intuitiven, realistischen Urteilskraft meldet gültig, ob man sich auf einem fruchtbaren Weg befindet.

5. Chaos in Organisationen

Vorder- und Hinterbühne der Organisationen

Zur Ordnung in Organisationen (dazu zählen alle sozialen Gebilde wie Wirtschaftsunternehmen, Verwaltungen, Institutionen, Vereine und Verbände, Projekt- und Arbeitsteams, Familien usf.) gehört, daß jeder weiß, was er zu tun hat, welche Kompetenzen er besitzt, welchem Zweck die Organisation untersteht und welches Ziel gemeinsam angestrebt wird. Daß diese Formalisierungen Grundlage eines sinnvermittelnden und effizienten Zusammenspiels der Kräfte sind, wird niemand bestreiten. Daß aber Organisationsstruktur, Ablaufdiagramme, Kompetenzordnungen, Pläne, Budgets, Ziele allein nicht eine Organisation am Leben erhalten, zu dieser Einsicht brauchte es einige Jahrzehnte Management-Geschichte.

Zunächst sorgte die wissenschaftliche Betriebsführung, bekannt unter dem Namen des Schöpfers Taylor, für rationalisierte Arbeitsabläufe mittels Arbeitsteilung. Sie bewies, daß mit logischer Ordnung viel Kräfte eingespart werden können. Die folgende Human-Relations-Bewegung entdeckte als erste den »unordentlichen Menschen«, der Bedürfnisse anmeldet, die dem Rationalisierungsprinzip widersprechen. Damit wurde der Mensch im Unternehmen zum ersten Mal ein Untersuchungsobjekt. Man versuchte jedoch auch, ihn in eine Ordnung zu zwängen, sei es mit Motivationstheorien eines Herzberg oder Maslow (41), sei es mit Hilfe eines Verhaltensmusters nach McGregor oder Grid (42). Unternehmensführung präsentierte sich in den 70er Jahren als Mix von Menschenführung nach Mustervorgaben und Sachführung mit Management-Systemen. Das versteckte Ziel aller Management-Lehren besteht heute noch darin, die informellen Vorgänge zu formalisieren und damit steuerbar zu machen.

Erst im Laufe der 70er Jahre wiesen Sozialwissenschaftler mit Nachdruck auf die Bedeutung der informellen Vorgänge in Organisationen hin: »Gefühle, informale Handlungen und Interaktionen, Gruppennormen und Werte; in mancher Beziehung ist das informelle System ein versteckter oder unterdrückter Bereich des Organisationslebens, der unsichtbare Teil des organisatorischen Eisberges« (43).

Organisatorischer
Eisberg

Formale
(sichtbare) Aspekte
Ziele
Technologie
Struktur
Fähigkeiten und Fertigkeiten
Finanzielle Mittel

Informale (unsichtbare) Aspekte
Einstellungen
Werte
Gefühle (Ärger, Furcht, Verzweiflung usw.)
Interaktionen
Gruppennormen

Die gleichen Autoren bezeichnen diese Hinterbühne der Organisation als »Kultur«, ein Begriff, der sich inzwischen eingebürgert hat (siehe Kapitel 4) und fordern, daß die Entwicklung einer Organisation das formale *und* informale System berücksichtigen müsse. Die in der Folge, wiederum als Management-Lehre, eingeführte »Organisationsentwicklung« versucht, die Hinterbühne der Organisation als wichtigen Existenz- und Leistungsträger hinzunehmen und nicht mit Formalisierung abzutöten (44).
Ein Blick zurück bestätigt, daß die informale Seite der Organisation immer eine Rolle spielte, aber mehr als unbequemer, wenig greifbarer Einflußbereich, den es zu formalisieren gilt. Selbst die »Organisationsentwicklung« und das »Kultur-Management« bleiben nicht frei vom Druck, das chaotische Informale in ein Ordnungsschema zu pressen.

Vorder- und Hinterbühne des Wirtschaftsunternehmens und Versuche, die Hinterbühne zur Vorderbühne zu machen

a) Vorderbühne
– Produktionsmittel
– Finanzielle Mittel

- Fähigkeitspotential
- Technologie
- Aufbau- und Ablaufstruktur
- Kompetenzordnung
- Pflichtenhefte
- kurz- und langfristige Planungen
- Zielsetzungen
- Budgets und -kontrollen
- Projekte und Projektsysteme
- Problemlösemethoden, Entscheidungsmethoden
- Richtlinien, Reglemente, Vorschriften
- Handbücher, Schemata, Datenlisten etc.
- Prospekte, Tonbildschau, corporate identity usf.

b) Hinterbühne
- gelebtes Leitbild
- praktizierte Führung
- Führungsstil
- Leitwerte, Ehtik, Moral –
  spontane »kleine« Entscheidungen
- Einstellung zu Firma, zum Produkt, zum Markt
- Arbeitshaltung, Interesse, Engagement
- Interaktionsstil, Umgangsformen
- ungeschriebene Gesetze, Traditionen, Normen
- Klima, Stimmung, Atmosphäre
- Gefühle, feste Meinungen und fixe Ideen
- Rituale, Symbole, Embleme
- Meinungsgegensätze, Konflikte
- Lieblingsideen, Theorien, Ideologien usf.

c) Formalisierungsversuche der letzten Jahrzehnte (Umwandlung von Hinterbühne in Vorderbühne)
- Aufsetzen von Unternehmensleitbild, Unternehmenspolitik, Unternehmensstrategien und Führungsrichtlinien
- Systeme der Potentialerfassung und -auslese (Assessment-Center) der Laufbahnplanung und Personalentwicklung, der Führungsgespräche und Qualifikation
- Matrixorganisation als Konfliktlösemittel

- Quality circles als System der Selbstorganisation und Kreativitätsförderung
- Organisationsentwicklung als Systematisierung natürlichen Wandels
- Analyse der Unternehmenskultur als Vergegenständlichung der informellen Einflüsse usf.

Die meisten Formalisierungsversuche haben nicht die erhoffte Disziplinierung der Hinterbühne gebracht. Die Erwartungen an die Konkretisierungsmöglichkeit der Hinterbühne sind zudem an den Erfahrungen mit formalen Instrumenten abgenommen und müssen notwendigerweise enttäuscht werden, da die Hinterbühne mit Struktur und System nicht manövrierbar gemacht werden kann. Die stillschweigende Voraussetzung, die Hinterbühne könne in den Griff genommen werden, ist falsch.

Die Hinterbühne darf nicht »kalt gestellt« und »funktionstüchtig« gemacht werden, sondern soll wild wachsen und ihr Eigenleben führen dürfen, nicht als abgespaltete Größe, d. h. als stilles zweitrangiges Örtchen, wo heimlich Feste gefeiert werden, sondern als offizieller Ort, wo sich Potential frei entfalten und für die Vorderbühne abgeholt werden kann.

Leider hat das rein funktionale Verständnis der Management-Systeme die Hinterbühne der Organisation nicht zugelassen und als Störfaktor beiseite geschoben. Als Neuerungswiderstand geächtet, wurde lange Zeit versucht, die Wirkung der informalen Organisation durch Aufklärung und Information auszuschalten, statt sie in die Entwicklung der Systeme einzubeziehen. Die Vernachlässigung der Hinterbühne rächt sich heute. Die Leidensgeschichten der Management-Systeme legen davon Zeugnis ab. Sie lassen sich in vielen überorganisierten Unternehmen leicht nachzeichnen:

»Lebensgeschichte« der Management-Systeme, welche die informale Organisation nicht in die Entwicklung und Einführung integriert haben (Normalfall):

1. Stufe: Systemeinführung

»Vom Benutzer wird absolute Systemgläubigkeit verlangt. Die Systemexperten bestimmen, was das System leisten soll. Sie

gehen von der Annahme aus, daß das System, nicht der Anwender die Probleme lösen wird« (Erster Kardinalirrtum).

2. Stufe: Systemkontrolle

»Zwecks besserer Kontrolle wird das System von Spezialisten
zentral verwaltet und gesteuert. Diese verfeinern und perfek-
tionieren das System, in der Meinung, eine hochdetaillierte
Erfassung der Vorgänge mit mehrfacher Rückkoppelung ver-
stärke die erwünschte Kontroll-Wirkung« (Zweiter Kardinalirrtum).

3. Stufe: Systemdurchsetzung

»Die Zentrale erzwingt mit Vorschriften und Schulung eine
absolut einheitliche Anwendung, in der Meinung, daß Systemtreue Voraussetzung für die Funktionstüchtigkeit ist« (Dritter
Kardinalirrtum).

4. Stufe: Systemcontrolling

»Da das System immer komplexer und schlechter überschau-
bar wird, benötigen die Systemverwalter Subsysteme zur
Überwachung der Systementwicklung. Systeme werden für
das System geschaffen, um eine Eigendynamik des Systems zu
verhindern« (Vierter Kardinalirrtum).

5. Stufe: Systemautomatismus

»Das System ist so kompliziert, daß es vom Anwender nicht
mehr begriffen wird. Er führt die Anweisungen der Zentrale
roboterhaft aus und fragt nicht nach Sinn und Unsinn seines
Tuns. Der Automatismus verdrängt die Reflektion. Wo sie
sich dennoch anmeldet, ist sie zu unterdrücken, um die perfekte Funktionstüchtigkeit zu erhalten« (Fünfter Kardinalirrtum).

6. Stufe: Systemtod

»Das System beginnt trotz Superkontrolle ein Eigenleben und
bildet eine Organisation in der Organisation. Diese bindet so
viel Energie und Personen, daß sie ihr Dasein rein mit ihrer Tradition rechtfertigt. (Wer einmal ein Büro eröffnet hat, bringt es
nicht wieder weg.) Das System funktioniert als perpetuum
mobile, l'art pour l'art, d. h. zum Selbstzweck. Im Grunde ist es

tot, weil es seinen Sinn nicht mehr erfüllt. Seine Aufhebung löst Chaos aus« (Letzter Kardinalirrtum).

Diese Entwicklungsgeschichte vieler Management-Systeme ist kein zwangsläufiger Ablauf, aber die beobachtbare Folge einer rigorosen Abspaltung der Hinterbühne der Organisation. Viele Unternehmen haben solche Fehlentwicklungen frühzeitig erkannt und sind dazu übergegangen, den Anwendern mehr Spielraum in der Etablierung und Benutzung zu gewähren. Andere wiederum (nicht wenige), halten an der Systemgläubigkeit fest, ergänzen die Systeme und bauen einen Verwaltungs-Apparat auf, der die Führung auf die Erfüllung vorgeschriebener Funktionen einschränkt. Damit geht die unmittelbare Führung von Mensch zu Mensch, ein Phänomen der Hinterbühne, verloren. Das Unternehmen wird je länger je weniger geführt und je länger je mehr verwaltet.
Derart degenerierte Unternehmen sind an folgenden Merkmalen erkennbar:

Folgen bei Übergewicht der Vorderbühne, Austrocknung der Hinterbühne durch Verselbständigung der Management-Systeme (verwaltetes, statt geführtes Unternehmen):
- Keine Innovationen oder unvollendete und fehlgeleitete Innovationen (Produkte, Organisation, Technologie, Finanzen usf.)
- Mehrere Hierarchien, die führen und Macht beanspruchen (z. B. Führung durch Stäbe in Konkurrenz zur Führung durch Linie).
- Immense Datenfülle zur Steuerung des Unternehmens: vorherrschende Tendenz, alle Vorgänge zu reglementieren und Abweichungen zu registrieren.
- Pseudo-Willensbildung: es wird perfekt geplant, Ziele werden vorgegeben und kontrolliert, die Willensrealisierung ist dagegen dürftig und dünn.
- Entscheidungsschwäche: die Verantwortlichen (z. B. leitende Manager) drücken sich um eingreifende, risikoreiche Entscheidungen (z. B. Investitionen, Redimensionierung, Sortimentsänderung, Innovationen usf.).

- Geringes Erfolgserlebnis der Verantwortlichen, weil der Erfolg den Systemen und deren Exponenten zugerechnet wird. Systemtreue wird höher belohnt als kreative Einzelleistungen.
- Identitätskrise: man ist sich nicht im klaren, wofür man sich eigentlich einsetzt und wohin das Unternehmen steuert. Die Sinnfrage bleibt unbeantwortet.

Fehlentwicklungen von Unternehmen haben letztlich die Unternehmensleiter zu verantworten. Die Träger der A-Kultur (ältere Führungsgeneration) haben viel unternommen, um die Funktionstüchtigkeit der Systeme zu erhalten, was den formalen Teil der Organisation zwar fördert, den informalen Teil aber hemmt. Es ist jetzt an der jüngeren Führungsgeneration, der B-Kultur, ein Organisationsverständnis einzubringen, das der informellen Seite des Unternehmens gerecht wird.

Das Unternehmen, ein lebendiger Organismus

Nach den Wertvorstellungen der B-Kultur (siehe Kapitel 4) läßt sich das Unternehmen nicht als Schachspiel oder Uhrwerk darstellen, das beliebig geplant, gesteuert und entwickelt werden kann. In der nachkartesianischen oder postindustriellen Betrachtungsweise sind Organisationen lebende Systeme mit Fähigkeiten, wie sie jedem Lebewesen zukommen:

- Eigengesetzlichkeit,
- Selbstorganisation,
- unberechenbares Wachstum,
- Anpassungsfähigkeit,
- Interaktion mit der Umwelt usf.

Betrachtet man ein Unternehmen wie ein menschliches Wesen, mit Vernunft und Verstand begabt, mit Gefühlsleben, eigenen Antrieben, also mit »Geist« ausgerüstet, kommt man der Realität viel näher. Damit ist nicht behauptet, daß das Lebewesen »Organisation« gleich reagiere wie das Lebewesen Mensch. Aber da es sich primär aus solchen zusammensetzt, ist einleuchtend, daß seine Reaktionsweise einem lebenden System näher steht als einem toten.

Diese Einsicht hat sich noch lange nicht durchgesetzt, vielleicht nicht zuletzt deshalb, weil ein lebendes System chaotischer reagiert als ein berechenbarer Apparat. Um ein Unternehmen als lebendigen Organismus zu verstehen und um es in diesem Sinne zu führen, braucht es einige Umstellungen in der Optik betriebswirtschaftlicher Vorgänge. Die wesentlichsten sind im folgenden kommentiert.

Statt Teile: ein vernetztes Ganzes

Meistens werden Organisationen durch Veränderung von Einzelfunktionen beeinflußt: die Technologie wird gefördert, das Lohnsystem erneuert, die Hierarchie umgebaut, das Sortiment gestrafft, der Markt analysiert usf. Nach der Baukastenvorstellung ist es möglich, Teile aus einem System herauszulösen, zu untersuchen, zu renovieren und wieder einzubauen. In einem sich selbst organisierenden System sind solche Eingriffe nicht möglich, ohne daß sich die Nachbarteile mitverändern und das Ganze beeinflussen. Denn im Organismus stehen alle Teile miteinander in »Kommunikation« und bilden zusammen ein labiles Gleichgewicht, das durch Manipulation sofort verändert wird.

Nach reduktionistischem, atomistischem Unternehmens-Verständnis stehen die Teile untereinander und die Teile mit dem Ganzen in einem logischen Zusammenhang und in einer Ursache-Wirkung-Beziehung. Nach organismischem Verständnis ist die Interdependenz nicht logisch-kausal, sondern irrational und kann mit linksseitigem Denken nicht voll erfaßt werden. Zum Beispiel können die Elemente in Chaos geraten und das Ganze steht dennoch im Gleichgewicht. Die Gestalt des Ganzen ist nicht aus den Teilen abzuleiten, sie stellt auch nicht die Summe der Teile und etwas dazu dar, sondern ist eine völlig neue Form.

Im kartesianischen Weltbild sind Geist und Materie zwei grundsätzlich verschiedene, unabhängige Stoffe (45). Im organismischen Denken gelten Körper und Geist als Einheit. Auch in einem sozialen System, wie in einem Unternehmen sind der

Unternehmensgeist und die Ertragsrechnung zwei Seiten *eines* Wesens. Deshalb kann sich der »Geist« des Unternehmens (z. B. sein Image in der Öffentlichkeit) durch materielle Veränderungen wandeln, und umgekehrt können materielle Interventionen (z. B. Strukturänderungen) das Klima beeinflussen. Ein Unternehmen läßt sich schlecht wie in einem Labor unter neutralen Bedingungen untersuchen. Jedes Untersuchungsorgan beeinflußt mit seiner Analyse die Organisation und wird Teil von ihr, so daß es keinen objektiven Standpunkt gewinnen kann. Eine Organisation kann deshalb nie wissenschaftlich objektiviert, sondern nur in ihrem Leben begleitend erfaßt und mitgesteuert werden. Deshalb entscheidet erst das tatsächliche Experiment an Ort und Stelle über die Brauchbarkeit einer Führungs-Hypothese.

Statt Strukturen und Systeme: Prozesse

Nach mechanistischer Auffassung steht am Anfang die Struktur. Sie wird als Bauplan entworfen und nach Begutachtung und Verabschiedung plangemäß realisiert. Nach organismischer Auffassung entstehen Strukturen ausschließlich im Werden und Wachsen als Folge des Entwicklungsprozesses.

Für die Unternehmenspraxis bedeutet die Prozeßorientierung Verzicht auf die isolierte Planung und Durchführung von Restrukturierungen. Damit die neuen Strukturen gelebt werden, müssen sie aus dem alltäglichen Führungsprozeß herauswachsen und von denjenigen geplant werden, die sie später benützen. Anstelle der Einführung einer neuer Struktur tritt die Entwicklung der Struktur an Ort und Stelle durch einen Lernvorgang der Beteiligten.

Um Strukturen stärker aus dem Entwicklungsgeschehen wachsen zu lassen, ist ein neues Verhältnis zur Zeit zu gewinnen. Zeit ist zwar eine mathematische Größe, die kalkuliert werden kann; sie hat aber auch ihren wechselnden Erlebens-Rhythmus, der nicht geplant werden kann. Nach organismischem Verständnis sind Entwicklungen schlecht planbar, sie haben auf den natürlichen Werdegang des lebenden Systems Rücksicht zu nehmen.

Im mechanistischen Denken nehmen Vergangenheit und

Zukunft einen hohen Stellenwert ein. Der Schnittpunkt Gegenwart wird als etwas Flüchtiges gemieden. Anders das organismische Denken, es hält sich mit Vorliebe in der Gegenwart auf, um möglichst nahe am aktuellen Prozeß zu stehen und diesen auf Veränderungen abhören zu können. Der Manager mit organismischem Verständnis bezieht sein Wissen mit Vorliebe aus Gegenwartsfragen: Was passiert jetzt? Wer und was ist daran beteiligt? Was ist soeben gerade geschehen? Wer hat es ausgelöst? Will ich mich diesem Geschehen anvertrauen oder es beeinflussen?

Statt Wissen: Lernen

Wissen wird unter der starken Gegenwarts- und Prozeßorientierung relativiert. Es übernimmt nicht mehr die bestimmende Funktion in Entscheidungen, vielmehr gleichen Entscheidungen Haltstellen in einem Lernprozeß, der sich laufend fortsetzt. Arbeiten und Lernen geraten dadurch in eine neue Beziehung. Arbeiten und Lernen werden nicht lokal und geistig getrennt, sondern zu einer Einheit verbunden (Lernstatt). Lehre und Beruf, Schule und Arbeitsplatz, Kurse und Anwendungsfeld, Problemlösen und Lernen rücken einander näher. Instrumente, Hilfen, Methoden werden bei der Arbeit selbst gewonnen. Ein Teil der Arbeitszeit ist dem Lernen gewidmet. Die Rolle des Wissensproduzenten, Wissensverarbeiters und des Wissensanwenders ist in derselben Person verbunden. Die Informatik wird es jedem ermöglichen, sein Rüstzeug selbst zu verwalten und einzusetzen und damit fortwährend zu entwickeln.

Statt beherrschendes Führen: Selbstregulation

Das Hinhören auf den Gang der Entwicklung, das Lernen aus der aktuellen Erfahrung und das Entwickeln von situativen Theorien und Methoden unmittelbar aus dem täglichen Arbeitsprozeß haben weitreichende Folgen für das Führungsverhalten.
Die klassische Management-Idee geht davon aus, daß Menschen, Arbeitsgruppen, Unternehmen, Institutionen grundsätzlich führbar sind, das heißt, daß sie so diszipliniert werden können, daß sie sich in die gewünschte Richtung entwickeln.

Nach dem organismischen Verständnis ist die Führbarkeit sozialer Systeme beschränkt, da sich ein lebendes System eigenwillig und unbeeinflußbar gebärden kann. Die Omnipotenz der Führung ist nicht nur unmöglich, sondern auch nicht wünschbar, da sie die gesunde Selbstentwicklung der Organisation behindert. (Ein Prinzip, das wir in der Kindererziehung längstens akzeptiert haben.)

Innerhalb eines lebenden Systems werden Kräfte ausgetauscht und Beziehungen hergestellt, die aus sich selbst entstehen und auf rätselhafte Weise, wie tausende von Ameisen in einem scheinbaren Chaos, ein Ganzes formen, das im Gleichgewicht steht. Durch geringfügige Änderung einzelner Elemente kann das Ganze in Turbulenz geraten und sich zu einer neuen Gestalt entwickeln. Diese Selbstregulationsfähigkeit von sozialen Organisationen verträgt sich schlecht mit dem omnipotenten Führungsanspruch der Unternehmer. Selbstregulation und Führungsanspruch können sich aber zu einer Kooperation zusammenschließen, wenn der Unternehmer auf seine Führungsallmacht verzichtet und der Selbstentwicklung der Organisation Entfaltungsraum zugesteht.

Voraussetzung für eine derartig zusammenspielende *Ko-Evolution* ist das feine Hinhören auf den Entwicklungsprozeß der Organisation, das Erkennen der Einflußmöglichkeiten und das Ausüben der Einflußnahme, so daß sowohl die konstruktive Eigendynamik der Organisation erhalten bleibt und gleichzeitig der Wille des Unternehmens die Zielrichtung mitbestimmt. Unternehmer und Organisation treten gleichsam in einen Dialog, wobei für das Unternehmen als Gesprächspartner die Unternehmenskultur (siehe später) dienen kann.

Statt quantitative qualitative Werte

Wenn Organisationen keine Mengengebilde sind, können sie auch nicht allein mit Quantitäten erfaßt und gelenkt werden. Das Unternehmen wird demgemäß nicht nur über die Dollar-Struktur, sondern auch mit dem Herz geführt. Liebe zum Produkt, zur Firma und zur Arbeitsgruppe sind als Variablen der Unternehmensführung ebenso ernst zu nehmen wie Umsatz-, Kosten- und Gewinnziffern.

Es fällt uns eingefleischten Materialisten natürlich außerordentlich schwer, zu akzeptieren, daß soziale Gebilde Gefühle zeigen, Moral haben, eine Ethik verfolgen und damit eine nicht abtrennbare Seite haben, die nicht physikalisch sichtbar wird, sondern in die Meta-Physik gehört. Nach den neuesten Untersuchungen der erfolgreichsten Unternehmen (Spitzenleister 46), beeinflussen die Qualitäten eines Unternehmens den Erfolg noch mehr als die Quantitäten, die natürlich in einem Mindestmaß vorhanden sein müssen.

Der Qualitätsaspekt hat in den letzten Jahren in der Unternehmensführung unter dem Einfluß japanischer Konkurrenz enormen Auftrieb erhalten. Gegenwärtig wird unter dem Titel »Unternehmenskultur« für diesen Aspekt geworben.

Unternehmenskultur: Der Einstieg in die Hinterbühne

Den Anstoß zur Kulturdiskussion haben Deal und Kennedy (47) gegeben, indem sie eine Unternehmenstypologie nach den drei Kriterien Innovation/Risikobereitschaft/Feedbacktempo aufsetzten und die drei Kriterien als Merkmale des informellen Unternehmenslebens ansprachen.

Beispiele zur Kultur-Typologie (frei nach *Deal* und *Kennedy*)

Kriterien	Unternehmen A	Unternehmen B	Unternehmen C
Innovation	situativ	kühn	komplex
Risiko	vorsichtig	hoch	nur Basis
Feedback	gründlich	rasch	schwerfällig
Typ	Action	Macho	Dinosaurier

Kultur macht nur einen Teil der qualitativen Seite des Unternehmens aus, nämlich jenen unsichtbaren, der sich gleichsam zwischen den Dingen und Menschen versteckt und daran zu erkennen ist, daß Produktions-, Führungs- und Zusammenarbeitsprozesse ähnliche *Gleichläufigkeiten* besitzen. Diese Gleichläufigkeiten können etwa in folgender Form in Erscheinung treten:

- *Normen und Werte,* erkennbar an der gelebten und verwirklichten Unternehmenspolitik und Unternehmensstrategie, an der Befolgung von Richtlinien und Reglementen, an den nicht schriftlich festgelegten, inneren Ordnungen und Richtwerten im Unternehmen.
- *Haltungen, Einstellungen und Verhaltensmuster,* wie sie als roter Faden im Umgang mit Personen, Material, Abläufen, Strukturen, Vorgaben usf. erkennbar werden oder sich in bestimmten ersten Soll- oder Idealvorstellungen, in Vorbildern gar Mythen darstellen.
- *Grundstimmung, Klima, Motivationslage,* wie sie aus der Leistungs- und Identifikationsbereitschaft und an der Färbung der Interaktion ablesbar werden.

Wie die Kultur der Gesellschaft und der Person (siehe Kapitel 4: A-Typ und B-Typ) ist auch diejenige des Unternehmens historisch gewachsen und besitzt ihre persönliche einmalige Prägung, die weder kopiert noch vermittelt werden kann. Gegen Veränderung erweist sie sich außerordentlich resistent und kann praktisch nur in einer evolutionären Einflußnahme über Jahre weg ihre Gestalt wandeln.

Die gleichen Ökonomen, die von einer Tendenzwende betriebswirtschaftlichen Denkens von Quantitäten zu Qualitäten sprechen, wenden wiederum quantitative Verfahren an, um die Kultur zu messen (48).

Leider wird dabei einmal mehr eine soziale Erscheinung, d. h. etwas spezifisch Menschliches, wie ein Gegenstand der Objektwelt analysiert und vermessen, als ob Kultur ein Körper sei und nicht die »Seele« oder der »Geist« des Unternehmens. Die Ökonomen und Technokraten irren, wenn sie glauben, sie können der Kultur mit den gleichen Instrumenten zu Leibe rücken, die sie bei der betriebswirtschaftlichen und betriebswissenschaftlichen Unternehmensanalyse und -gestaltung verwenden (49).

Lange Zeit stand die Führung unter dem damit eingeführten Doppelaspekt: Leistungsorientierung (Verbesserung der Abläufe, hohe Ziele, Druck) und Menschorientierung (Motivation, Einsatz der Fähigkeiten, Zusammenarbeit) *Blake* und

Beispiele für Unternehmenskulturen (gleiche Unternehmen
wie in Tabelle S. 97)

Beobachtungs-einheit	Unternehmen A	Unternehmen B	Unternehmen C
Normen, Werte	Know how, Technologie, persönliche Kontakte, Seriosität und Qualität	Theorie, Bw Modelle, allgemeines Image, Mitarbeiter-mitwirkung	Regeln, Kostensysteme, eigenständiges Urteil, Kampf gegen Autoritäten
Einstellung, Stil	Führen = durchsetzen, Rücksicht nach oben, sachbezogene Problemlösung, situative Entscheide	Führen = motivieren, Rücksicht nach unten, modellbezogene Problemlösung, kühne Entscheide	Führen = verwalten, Rücksicht nach außen, freie oder keine Problemlösung, wenig Entscheide
Stimmung, Klima, Skript	vornehme Zurückhaltung, Solidität, Stolz und Behäbigkeit	Innovations-hektik, Publicity, Aufstieg und Höhenflug	Selbst-zerfleischung, Verteidigung, Traum von goldenen Zeiten

Mouton (50) wiesen nach, daß erst die Kombination beider
Variablen den wirklichen Unternehmenserfolg garantiert. In
den sechziger Jahren kam als dritte Dimension das systemorientierte Management hinzu. Anlaß dazu gab die schlagarti-
ge Expansion der Unternehmen, die Transparenz und Steuerung erschwerte.
Die Kultur setzt heute zum systemorientierten Führen einen
Kontrapunkt. Es fragt sich somit: Erweitert sie die Unternehmensführung um eine vierte Dimension? Oder wiederholt sich
etwa der Pendelausschlag der wissenschaftlichen Betriebsführung des Taylorismus zur Human-Relation-Bewegung der
zwanziger Jahre?
Bei näherer Betrachtung fällt unter den vier genannten Füh-
rungsvariablen eine bestechende Analogie auf. Die Leistungs-

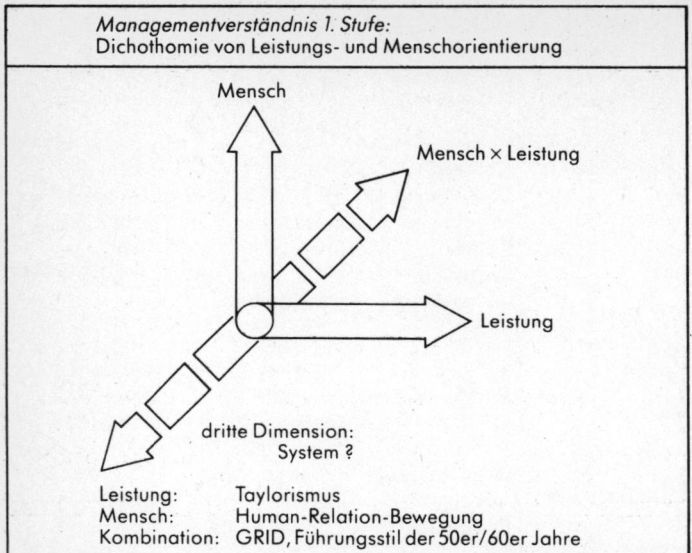

Managementverständnis 1. Stufe:
Dichothomie von Leistungs- und Menschorientierung

Mensch

Mensch × Leistung

Leistung

dritte Dimension:
System ?

Leistung: Taylorismus
Mensch: Human-Relation-Bewegung
Kombination: GRID, Führungsstil der 50er/60er Jahre

orientierung des Taylorismus ist gedanklich verwandt mit dem Führen mit Management-Systemen, während die Mensch-orientierung ihrem Sinn und Ziel nach näher bei der Führung über die Unternehmenskultur steht. Im Grunde wiederholt sich mit der Einführung des systemorientierten und kultur-orientierten Managements die alte Dichothomie zwischen Produkt und Mensch oder zwischen Produktivität und Menschlichkeit oder, mit anderen Worten, zwischen System und Prozeß oder noch grundsätzlicher zwischen analytisch-mechanischem Denken und organismischem-kreativem Denken.

Damit erhalten jene geschichtsphilosophischen Theorien recht, wonach eine Bewegung immer durch eine Gegenbewegung abgelöst wird. Allerdings ist der Blickpunkt beim zweiten Pendelgang ein anderer: Diesmal steht nicht die personen-bezogene Führung, sondern die unternehmensbezogene im Vordergrund. Während der Taylorismus den einzelnen Pro-duktionsablauf im Auge hatte und die Human-Relation-Bewe-

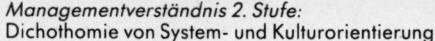

Managementverständnis 2. Stufe:
Dichothomie von System- und Kulturorientierung

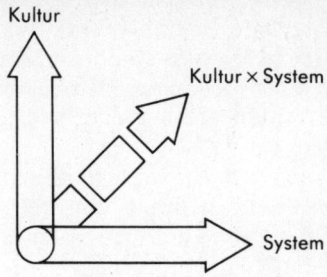

Kultur

Kultur × System

System

System:	in der CH: Hochschule St. Gallen in den 60er und 70er Jahren
Kultur:	in der CH: Anfang der 80er Jahre (Organisationsentwicklung in den 70er Jahren)
Kombination:	in den 90er Jahren (oder früher)

Managementverständnis 1. + 2. Stufe:

④ Kultur

② Mensch

③ System

Unternehmensebene

irrationale Dimension

① Leistung

Ablaufebene

rationale Dimension

101

gung den einzelnen Menschen, so bezieht sich die Führung über Systeme und Kultur immer auf größere Organisationseinheiten oder auf das ganze Unternehmen. Wie der Mensch in die wissenschaftliche Betriebsführung ein unberechenbares und schwierig steuerbares Element hineinbrachte, so erweitert der Kulturbegriff das systemorientierte Management um eine irrationale, nicht meßbare und nicht programmierbare Dimension.

Die Prognose kann noch weitergetrieben werden. Dem bisherigen Entwicklungsrhythmus entsprechend wird die Welle der Kulturführung von einer neuen Bewegung abgelöst werden, die wieder mehr das rationale, systematische und logisch-analytische Element enthält. Wahrscheinlich wird dann eine neue Betrachtungsebene hinzukommen, und es ist vorauszusehen, daß der Fokus vom Einzelmenschen und der Organisation weg auf die Umwelt gerichtet wird.

Vermutlich wird später das Pendel wieder vom Rationalen auf das Irrationale zurückschwingen. So wird die Umweltproblematik zuerst technisch-naturwissenschaftlich, später dann ganzheitlich-organisch bewältigt werden.

Die Beobachtung des gleichlaufenden »Wie« der Führungs- und Arbeitsprozesse erfordert ein beachtliches Abstraktionsvermögen hinsichtlich menschlicher und sozialer Vorgänge. Eine Kulturdiagnose sollte deshalb nicht in reiner Form beginnen, d. h. mit Fragen wie: Welche Normen und Werte gelten unausgesprochen für alle? Welche Einstellungen und Verhaltensmuster herrschen vor? Wie wäre die Stimmungslage zu charakterisieren?

Leichter wird die Kulturanalyse, wenn sie die geschäftliche Tagesaktivität begleitet oder wenn sie als Nebeneffekt aus einer Veränderungsaktion resultiert (z. B. Struktur- und Ablaufänderung, Produkte- und Anlageinnovation, Zukunftsplanung und -gestaltung usf.).

Im Projekt oder Problemlösungsablauf können systematisch Haltestellen eingeschoben werden, die der Kulturanalyse dienen. Der Arbeitsprozeß wird auf typische, auffällige Stereotypien untersucht, die sich – nicht weiter begründbar – als stillschweigende Voraussetzungen eingeschlichen haben. Sie sind

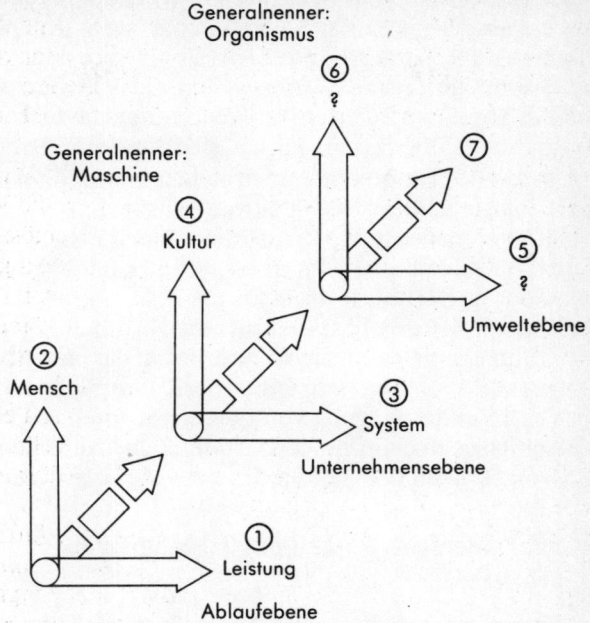

Generalnenner:
Organismus

⑥
?

Generalnenner:
Maschine

⑦

④
Kultur

⑤
?

Umweltebene

②
Mensch

③
System

Unternehmensebene

①
Leistung

Ablaufebene

1–6 Chronologie der Schwerpunkte in der Managementgeschichte
Waagrechte: Betonung der Sache und der Logik
Senkrechte: Betonung des Menschen und der «Psycho-Logik»

5 Entwicklungsstufe der 90er Jahre: analytische Bewältigung der
Unternehmer-Umweltproblematik

6 Entwicklungsstufe Anfang des neuen Jahrhunderts: menschorientierte
Bewältigung der Problematik Unternehmen-Umwelt

7 Entwicklungsstufe nach 2000: Integration von 5 und 6

auf Generalisierbarkeit zu prüfen. Handelt es sich um eine typische Erscheinung dieser Gruppe oder dieser Firma? Und vor allem: Wird dieser kulturelle Einfluß bejaht oder als Störfaktor erlebt? Wirkt er für die Lösung der gestellten Aufgabe förderlich oder hinderlich? Ist er zwar situativ in diesem Einzelfall unerwünscht, aber sonst ein Erfolgsfaktor?

Auf diesem Umweg über die teilnehmende Beobachtung in der Behandlung von Tagesgeschäften kann man sich leicht an die Kultur herantasten. Anspruchsvoller wird die Kulturarbeit, wenn sie über die jeweilige Situation hinausgeht und auf die abstrakte Größe »Unternehmenserfolg« bezogen wird.

Dann ist um eine reine Wertdiskussion nicht herumzukommen. Mit Vorteil wird diese Ausmarchung dem obersten Führungsgremium überlassen. Es hat sich im besonderen der Erfolgsethik des Unternehmens zu stellen und ist für die Prägung allfälliger verbindlicher Leitwerte zuständig.

Die Unternehmensleitung wird darauf achten müssen, daß sie mit den Leitvorstellungen für das tägliche Handeln im Sinne von Credos (z. B. IBM: Respect für the Individual, Service to Customers, Excellence) das Unternehmen in seiner gegenwärtigen Kultur abholt, damit die Wegweiser auf der bestehenden Tradition aufbauen. Die Hauptarbeit der Kulturpflege darf sich jedoch nicht in der Prägung von Leitsätzen durch die Unternehmensspitze erschöpfen, sondern muß zur Aufgabe eines jeden Vorgesetzten und eines jeden Teams gemacht werden.

Fünfmal Unberechenbarkeit des Zusammenlebens und -arbeitens

Die Unternehmenskultur stellt einen Spezialfall des informellen Teils einer Organisation dar, der die innere Gesetzmäßigkeit des Zusammenlebens und -arbeitens umfaßt. Damit ist die Hinterbühne von Organisationen nur aus einem Blickwinkel betrachtet.

Zu jedem Aspekt der Vorderbühne kann ein entsprechendes Requisit der Hinterbühne gefunden werden. Mit der Herstellung ihrer Korrespondenz wird das Auge allgemein für das Wirken der Hinterbühne geschärft. Außerdem ist man gleichzeitig auf das Chaos der Hinterbühne vorbereitet und kann die daraus wachsenden Probleme prophylaktisch angehen.

Faßt man die wichtigsten Variablen der äußeren Ordnung von Organisationen zusammen, kommt man auf fünf Hauptaspekte. Ihnen können fünf korrespondierende Aspekte der informalen Organisation gegenübergestellt werden. Das Korre-

Vorderbühne, bzw. formale Organisation, bzw. äußere Ordnung (Aufgabe der Führungstechnologie)	zusammen- fassender Leitbegriff der Vorderbühne	Hinterbühne, bzw. informale Organisation, bzw. innere Ordnung (Aufgabe der Führungspsychologie)
Aufgabenzuweisung, Kompetenzerteilung, Ablaufregulierung (im Unternehmen: Struktur- und Ablauf- Organisation)	Struktur	Kompetenz
Planung der laufenden Aktivitäten sowie kurz-, mittel- und langfristige Ziel- setzung und Kontrolle	Prozeß	Kooperation
Lösung anfallender Probleme, Korrektur von Abweichungen, Treffen von Entscheidungen	Problemlösung	Kommunikation
Entwicklung durch Innovation, Anpassung an Umweltsverän- derungen, Ausschöpfen der Ressourcen	Innovation	Kreativität
Organisationszweck, Leitbild, Fernziele, Politik, Strategie	Identität ▼ technische Fähigkeiten	Kultur ▼ soziale Fähigkeiten

spondenzprinzip verdeutlicht, daß die Hinterbühne nur im Verein mit der Vorderbühne möbliert werden kann. Die Führung von Organisationen kommt nicht ohne Berücksichtigung beider Aspekte aus, auch wenn sich die Ökonomen auf die äußere Ordnung und die Psychologen auf die hintere Ordnung spezialisiert haben. Führung erfordert eben beides: technische *und* soziale Fähigkeiten.

Der Korrespondenzaspekt der Hinterbühne wirft eine Reihe von Fragen auf, die sich in der sogenannten »Kernproblematik« zusammenfassen lassen. Sie ist nicht einfach zu lösen, sondern stellt sich immer wieder von neuem und ist damit als dauernde Quelle von Chaos einzurechnen.

Die 5 »K« der Hinterbühne

Thematik	Frage	Kernproblematik
Kompetenz	Wer ist wofür fähig und willens?	»Objektivität« in der Beurteilung der Fachkompetenz
Kooperation	Wie wird die Mitsprache geregelt?	Intensität des Austausches und Abstimmen von Zielen
Kommunikation	Wie wird Verständnis hergestellt?	Tiefe des Austausches und Herstellen von Konsens
Kreativität	Wieviel Neues wird zugelassen?	Ausmaß der Selbstverwirklichung
Kultur	Was wollen wir sein? Was wollen wir werden?	Ausmaß der Uniformierung

Die fünf Aspekte der Hinterbühne sind auf jede Art von Organisation anwendbar. Hier zwei Beispiele:

Anwendungsbeispiel Familie

Kompetenz:
Rollenklärung zwischen Ehemann und Ehefrau: Wer ist für die Finanzen zuständig? Wer kauft ein? Wer sorgt für den Unterhalt der Wohnung? Rollenklärung zwischen Vater und Mutter: Wer entscheidet in welchen Fragen in der Kindererziehung? Vertretung nach außen: Welcher Partner vertritt in welchen Angelegenheiten die Familie nach außen?

Kooperation:
Langfristplanung: Wie werden langfristige Vorhaben (z. B.

Hausbau) geplant und organisiert? Wer übernimmt in welchem Vorhaben welche Aufgabe?
Kurzfristplanung: Welche Entscheidungen bedürfen einer Absprache oder Abstimmung? Was sind wichtige Ziele eines einzelnen, die in der Familie besprochen werden sollen?
Programm: Wie wird der Tages- und Wochenablauf koordiniert? Wer entscheidet in welchen Belangen?
Abweichungsanalyse: Bei welcher Gelegenheit werden Programme geändert oder Abweichungen besprochen? Wie funktioniert die Rückmeldung?

Kommunikation:
Problemlösung: Gibt es eine Institution, bei der individuelle Probleme vorgetragen und beraten werden können (z. B. Familienkonferenz)? Wer bringt Probleme und Konflikte bei welcher Gelegenheit zur Sprache? Wie verlaufen Problem-und Konfliktlösungen (Führung, Struktur)?

Kreativität:
Wieviel Spielraum für Eigendynamik wird dem einzelnen zugestanden? Wie ist das Vorgehen bei Einführung von neuen Normen, Sitten und Gebräuchen?
Wie werden die Konflikte zwischen jung und alt geregelt?

Kultur:
Wie wird der Zusammenhalt in der Familiengemeinschaft gefördert und gepflegt? Was ist nach innen und nach außen erlaubt? Welches sind traditionsgebundene Tabus und Gebote? Welches sind primäre Werte?

Anwendungsbeispiel Unternehmen

Kompetenz:
Sitzt der richtige Mann am richtigen Platz? Hat der Mitarbeiter die für die Erfüllung der Aufgabe notwendigen Kompetenzen? Ist er für seine Ergebnisse verantwortlich? Werden seine Ressourcen am gegenwärtigen Arbeitsplatz ausgeschöpft?

Kooperation:
Werden Ziele von oben nach unten und umgekehrt vereinbart und Zielkonflikte ausgetragen? Werden gewichtige Entschei-

dungen kooperativ getroffen unter Ausschöpfung der vorhandenen Fachkompetenz? Wird unter Einbezug der maßgeblichen Instanzen langfristig geplant?

Kommunikation:
Werden Probleme gemeinsam gelöst? Werden Probleme und Engpässe überhaupt artikuliert und Vorschläge für Verbesserungen eingebracht? Werden Meinungsunterschiede durch offene Kommunikation geklärt und ausgetragen? Werden Entscheidungen unter Ausschöpfung der vorhandenen Informationsressourcen getroffen?

Kreativität:
Besteht die Möglichkeit, neue Ideen einfließen zu lassen? Bestehen Verantwortlichkeiten für die innovative Entwicklung des Unternehmens, der Bereiche und der Funktionen? Werden Innovationen maßgeblich von der Belegschaft selbst entwickelt und realisiert?

Kultur:
Wie soll das Wertgefüge des Unternehmens aussehen? Bestehen Leitlinien und geistige Wegweiser in der Firma? Gibt es Verantwortliche, welche Unternehmenspolitik und -strategie dauernd in Zusammenarbeit mit den Meinungsträgern und Machtträgern des Unternehmens entwickeln? Wird die informelle Organisation konsequent gepflegt?

6. CHAOS IN DER ERNEUERUNG

Die sechs Stufen der Erneuerung

Neue sozial eingreifende Errungenschaften (51) brauchen Jahre, bis sie in ein soziales System integriert sind. Sie haben sich in drei Phasen den Durchbruch zu erkämpfen. In der ersten Phase verschaffen sie sich Beachtung und erbringen die ersten Beweise ihrer Wirkung. Damit rufen sie das Erhaltungsstreben auf den Plan und müssen in der zweiten Phase den Widerstand der Konservativen aushalten und überwinden. Erst in der dritten Phase werden sie vom Umfeld so aufgenommen, daß sie als Bestandteil einer neuen Tradition akzeptiert werden.

- *Phase 1*
  Veränderung (Auftauen bestehender Strukturen)

- *Phase 2*
  Widerstand (Bewältigung der Gegenbewegung)

- *Phase 3*
  Integration (Einfrieren der neuen Struktur)

In jeder Phase geraten Ordnung und Chaos in Widerstreit. In der Aufbauphase bricht das Chaos die geltende Ordnung. In der Widerstandsphase opponiert die geltende Ordnung so, daß sie selbst Chaos erzeugt. Und in der Integrationsphase bricht das Chaos erst nach einer Erstbewährung in Gestalt einer kreativen Nachentwicklung herein.

Phase 1: Veränderung
a) Eröffnung mit *Chaos: Druck* oder Zwang
b) Versuch einer *Einordnung: Euphorie* oder Mode

Phase 2: Widerstand
a) Eröffnung mit *Chaos:* Schreckbilder und Schwarzmalerei
b) Rückruf in die *Ordnung: Grenzsetzung* und Bremsung

Phase 3: Integration

a) Anknüpfen an der bestehenden *Ordnung: Aufbau* der Neuerung *auf* der *Tradition*
b) *Chaos* durch *kreativen Sprung:* Entdecken des eigentlichen Neuen unter den Anwendungsmöglichkeiten der Neuerung

Damit ist die Innovation integriert und wird zur sozialen Selbstverständlichkeit, d. h. zur Tradition, auf der wiederum die nächste Innovation aufbaut.

Die Pendelbewegung zwischen Chaos und Ordnung ist für den Innovationsprozeß bei der Einführung der Innovation in die Gesellschaft oder in den sozialen Verband (52) typisch. Der Innovationsablauf macht hier vor, wie Chaos-Management aussehen könnte: Chaos zulassen und wieder in Ordnung einbinden. Die Geschichte der Erfindungen veranschaulicht in schöner Art, wie eine Chaos-Ordnungs-Dynamik verläuft.

Innovationsbeispiel Eisenbahn

Phase 1: Veränderung

a) Druck: Für den Transport des schweren Rohstoffes Kohle und des Rohmaterials Eisen genügten die Fuhrwerke auf den schlechten Straßen nicht mehr. Die erste Eisenbahn diente dem Gütertransport zwischen Bergwerk und Ladeplatz am Fluß. Dieser »Leidensdruck« beflügelte die Verbreitung der technischen Errungenschaft.
b) Euphorie: 70 Jahre später kannte das Eisenbahnbauen keine Grenzen mehr. Jede Ortschaft, die etwas von sich hielt, versuchte einen Anschluß an eine Hauptlinie zu gewinnen. Das Zeitalter des Eisenbahnbooms brach an. Eisenbahnfahren wurde Mode.

Phase 2: Widerstand

a) Schwarzmalerei: Die Gegenbewegung folgte den ersten Durchbrüchen der Neuerung auf dem Fuß. Von der Kanzel wurde gegen die Eisenbahn gepredigt. Landvermesser bezogen Prügel. Man fürchtete, daß das Vieh vor Entsetzen keine Milch mehr gebe, und sprach von einer Gehirnkrankheit »delirium curiosum« bei einer Reisegeschwindigkeit von 18 Stundenkilometern.

b) Grenzsetzung: Bei der Eisenbahn setzte die Zurückbindung erst verspätet mit Konkurrenzprodukten im Automobilzeitalter ein. Deshalb leiden wir heute noch darunter, Eisenbahnlinien aus der Zeit der Euphorie erhalten zu müssen, die unwirtschaftlich und unsinnig sind.

Phase 3: Integration

a) Aufbau auf Tradition: Anfänglich wurden Kutschenaufbauten auf Eisenbahnuntergestelle montiert. Es vergingen dreißig Jahre, bis der erste Wagen mit Korridor, und nochmals zwanzig Jahre bis der erste Durchgangswagen gebaut wurde. Die Eisenbahnlinien führten den alten Verkehrswegen entlang, oft sogar auf oder neben den Fahrstraßen.

b) kreativer Sprung: Auch heute noch mißt sich die Eisenbahn am Transportpfad Straße. Sie ist erst daran, ihre Überlegenheit durch entsprechende Streckenführung und Geschwindigkeiten voll auszuschöpfen (TGV oder NHT).

Innovationsbeispiel elektronische Datenverarbeitung

Phase 1: Veränderung

a) Druck: Der erste Computer wurde für ballistische Messungen 1946 eingesetzt. Zum kommerziellen Durchbruch kam es erst in der Hochkonjunktur, als die Berge von Administration mit den bestehenden Personalressourcen nicht mehr bewältigt werden konnten.

b) Euphorie: Wir stehen erst am Beginn des Euphorie-Zeitalters. In den Unternehmen dürfte diese Phase mit der Erfindung des Personal-Computers voll im Gange sein, in den privaten Haushaltungen steht der Boom der Heimcomputer noch bevor und im Staat ist man erst daran, die Informatik für die Telekommunikation einzusetzen, ebenso in den Unternehmen für die Automatisierung der Produktion.

Phase 2: Widerstand

a) Schwarzmalerei: Die Medien sind voller Schreckbilder der Computer-Entwicklung. Wir treiben angeblich auf einen

gefährlichen Eisberg (53) zu: Arbeitslosigkeit, Abbau der menschlichen Beziehungen, physische Störungen durch Bildschirmarbeit, geistige Verarmung und Bequemlichkeit, Verantwortungslosigkeit. Bei genauem Zusehen sind es die alten Argumente aus der entsprechenden Phase anderer technologischer Innovationen wie Auto, Fernsehen usf.
b) Grenzsetzung: Die Schreckbilder haben bereits Konsequenzen und wirken auf eine EDV-Euphorie bremsend: Datenschutz, Vermeidung von Druckknopfmentalität, Einschränkung des Machbarkeitsglaubens, Beachtung eigendynamischer Auto-Organisationen von maschinellen Systemen.

Phase 3: Integration
a) Aufbau auf Tradition: Anfänglich durfte der Computer nur genau das leisten, was der Buchhalter früher mit Griffel und Rechenmaschine erbracht hatte. Auch heute noch ersetzt der Computer weitgehend bestehende Routinearbeit und vollzieht sie in ähnlicher Weise wie früher der Büroangestellte.
b) Kreativer Sprung: Wahrscheinlich stehen wir erst vor dem Zeitalter, welches die Datenverarbeitung zu einem eigenen schöpferischen Medium macht, das nicht nur Ersatz für bestehende Abläufe ist. Das ist dann der Fall, wenn der Computer ganze Prozesse steuert und sich dabei auch noch kontrolliert oder wenn er komplexe logische Operationen eigenständig vollzieht und seine Methodik selbständig den wechselnden Bedingungen anpaßt. Damit beginnt dann das Zeitalter der künstlichen Intelligenz und der Roboter, welche erst die Ressourcen der Datenverarbeitung kreativ ausschöpft.

Nochmals: Eine Erfindung macht noch keine Erfindung. Erst die soziale Innovation, das heißt die Integration in das Anwendungsfeld unter Ausschöpfung der dem Instrument innewohnenden Möglichkeiten macht die Neuerung zur Selbstverständlichkeit. Dieser Prozeß ist ein mühsamer Entwicklungsgang, auf dem mindestens drei Chaos-Stationen zu passieren sind.

Ordnung und Chaos als Gegenspieler

Was für die großen und bahnbrechenden Erfindungen gilt, kann auch auf die kleinen Neuerungen übertragen werden. Grundsätzlich ändert der Zyklus nicht. Immer ist Chaos dabei, immer bindet die Ordnung zurück. Für das Gelingen einer Innovationseinführung ist entscheidend, daß die Einpflanzung der Neuerung in das Anwendungsfeld nicht einseitig chaotisch oder einseitig geordnet verläuft, sondern immer zwischen diesen Möglichkeiten pendelt.

Oft benutzt eine Innovation nur einseitig die Chaos- oder Ordnungsstrategien. Dann entsteht folgendes Bild:

Phase	Subphase Chaos	Subphase Ordnung
1 Veränderung	1a Druck	1b Euphorie
2 Widerstand	2a Schwarzmalerei	2b Grenzsetzung
3 Integration	3b kreativer Sprung	3a Aufbau auf Tradition
	▼	▼
	Chaos-Chaos-Verlauf	Ordnungs-Ordnungs-Verlauf

Der Chaos-Chaos-Verlauf

Beispiele solcher reiner Chaos-Entwicklungen sind in jüngster Zeit mehrfach auf politischer Bühne zu beobachten; Jugendbewegung, Frauenbewegung, Bewegung der Atomkraftgegner.

Die Neuerung wird mit starkem Anfangsdruck ins Bewußtsein der Umwelt gestanzt (Phase 1 a). Ebenso stark ist in der Folge der Gegendruck der Ordnungshüter (Phase 2 a). Statt auf der Tradition aufzubauen, will die Neuerung gerade zum kreativen Sprung ansetzen (Phase 3 b) und überfordert damit das Umfeld. Die Chaos-Chaos-Strategie ist meist ein Signal für die seelische Not, aus der die Promotoren handeln. Aus Angst und Ohnmacht setzen sich die Chaoten von der Ordnungs-Szene ab und kämpfen verzweifelt, so daß sich die beiden Fronten ineinander verbeißen und die Entwicklung oft zum Stillstand kommt.

Dennoch sind, wie die Geschichte beweist, viele Bewußtseinsänderungen und viel gesellschaftlicher Wandel durch Chaos-Druck entstanden. Daraus die Chaos-Chaos-Strategie zu rechtfertigen, wäre kurzsichtig, denn sie ist ebenso übertrieben wie die Gegenbewegung der reinen Ordnungsstrategie.

Der Ordnungs-Ordnungs-Verlauf

Während sich die Chaos-Strategie an die chaotischen Subphasen hält, beschränkt sich die Ordnungsstrategie auf die Subphasen der Ordnung: Euphorie (Phase 1 b), Grenzsetzung (Phase 2 b) und Aufbau auf der Tradition (Phase 3 a). Im Gegensatz zur Chaosstrategie ist sie nicht eskalationsverdächtig, da Druck und Gegendruck gering gehalten und eine möglichst rasche Anpassung der Neuerung angestrebt wird.

Die meisten Produkte-Innovationen verlaufen nach diesem Muster. Um möglichst rasch hohe Verkaufsziffern zu erzielen, darf die Neuerung nicht normbrechend sein, sondern hat sich nahtlos in das bestehende Angebot einzufügen und aktuelle Bedürfnisse zu befriedigen, ohne Grundsätzliches in Frage zu stellen.

Desgleichen werden die meisten organisatorischen Änderungen nach diesem Muster aufgezogen, weshalb sie oft nicht revolutionierend wirken. Weitere klassische Beispiele für Ordnungsstrategien sind die Versuche, mit Leitbild, Politik und Richtlinien Firmenkulturen zu ändern. Sie erleiden das Schicksal vieler Verfassungsrevisionen, die mit viel Elan aufgezogen werden (Euphorie), rasch anstoßen (Grenzsetzung) und dünn enden (Aufbau auf Tradition).

Der Chaos-Ordnungs-Verlauf

Während der Chaos-Chaos-Verlauf in die Revolution mündet, erhält der Ordnungs-Ordnungs-Verlauf die Tradition. Der Chaos-Ordnungs-Verlauf schafft dagegen eine auf Bestehendem aufbauende *Evolution*.

In der Chaos-Ordnungsstrategie ergänzen sich Chaos und Ordnung in ihrer Auftauungs- und Einfrierungs-Funktion. Dazu muß die bestehende Ordnung zunächst in Frage gestellt, Unordnung sodann zugelassen und später wieder in eine neue

Ordnung eingebunden werden. Da wir dazu neigen, das Chaos reflexartig zu umgehen, kommt dieser Verlauf nicht ohne *Hilfen* für den Einstieg ins Chaos und für den Ausstieg aus der Ordnung aus:

Phase 1: Veränderung

Chaos-Subphase (Druck):
Äusseren Druck in inneren umwandeln, d. h. Druck wahrnehmen und nutzen, vor allem Krisen als Chance nutzen Ordnungs-Subphase (Euphorie):
Sachzwänge konstruieren, um aus dem Boom aussteigen zu müssen, Alternativen entwickeln.

Phase 2: Widerstand

Chaos-Subphase (Schwarzmalerei):
Schreckbilder nicht zum Nennwert nehmen, Hintergrund aufklären, informieren
Ordnungs-Subphase (Grenzsetzung):
Grenzen nur dosiert zulassen und nur da, wo sie den Innovationsgehalt nicht verletzen.

Phase 3: Integration

Ordnungs-Subphase (Aufbau auf Tradition): Ersatzfunktion der Neuerung raschmöglichst erweitern, nötigenfalls durch Negieren der Ersatzfunktion
Chaos-Subphase (kreativer Sprung):
Gezielt nach ganzheitlichen Anwendungsmöglichkeiten suchen, Sinn- und Kerngehalt der Neuerung dazu aufspüren.

Nicht jeder Mensch ist geeignet, aus der Ordnung heraus ins Chaos zu führen und nicht jeder, wieder in die Ordnung zurückzuleiten. Es ist deshalb wichtig, für den gewählten Erneuerungsverlauf die passenden Promotoren zu finden. Für die Evolution, d. h. den Chaos-Ordnungsverlauf benötigt man eine Mischung, wie sie ein einzelner Mensch nicht garantieren kann.
Deshalb sollte immer eine Mehrzahl von Innovatoren eine evolutive Einführung managen, so daß möglichst verschiedene Innovations-Typen einwirken.

Das Chaos der Innovatoren

Wie in jeder Entwicklungsarbeit beeinflußt die Persönlichkeit des Innovators den Verlauf. Je nach Temperament der Innovatoren wird sich dieser mehr in Richtung Chaos oder in Richtung Ordnung bewegen. Die geforderte Vielfalt von Innovationsstilen sichert den dynamischen Wechsel von Chaos und Ordnung, erzeugt jedoch auch ein Durcheinander in der Bemühung um ein gemeinsames Vorgehen.

Hier sind einige Beispiele von Innovatoren-Typen, die eine ausgeglichene Chaos-Ordnungs-Dynamik erschweren: Der Eisbrecher, der Taktiker, der Kompromißbereite, der Kernharte und der Missionar.

Der Eisbrecher

Er geht mit dem Kopf durch die Wand, weil er die erste Chaosphase der Innovation überschätzt und glaubt, wer eine Bresche schlage, habe die Neuerung etabliert. Er bleibt hartnäckig bei seiner Version und argumentiert direkt und angreifend. Er scheut sich nicht, die Ordnungshüter bloßzustellen und deren Schwächen breitzuwalzen. Die Kompromißbereiten bringt er zum Einlenken.

Dem Taktiker ist er schlecht gewachsen. Mit dem Kernharten setzt er sich unerbittlich auseinander. Der Missionar ist für ihn eine Unperson.

Der Taktiker

Er ist der mit allen Wassern gewaschene Politiker, der seine Machtmittel auszuschöpfen versteht und wohl weiß, daß Beziehungen ein Trumpf im Einflußspiel sind. Er wirbt deshalb für die Neuerung mit Kontakt, den er zum Anlaß nimmt, die schönen und guten Seiten der Neuerung hervorzuheben und die schwachen zu relativieren. Er versteht es meisterhaft, den Betroffenen Sand in die Augen zu streuen und das Chaos zu cachieren. Der Start der Neuerung bedeutet dann ein böses Erwachen.

Die Betroffenen werfen dem Taktiker Täuschung und Irreführung vor, weshalb dieser oft Opfer seines eigenen Werbefeldzuges wird.

Der Kompromißbereite

Er sucht den raschen Ausgleich und wünscht Konfliktfreiheit und praktischen Frieden. Von Haus aus Pragmatiker, sieht er zum vorneherein, daß die Neuerung nicht in der beabsichtigten Form realisiert werden kann. Deshalb läßt er sich nicht wie der Eisbrecher auf Chaos ein oder wie der Taktiker auf ein Versteckspiel, sondern meint, eine kleine Änderung sei immer noch besser als kein Fortschritt. Vom Eisbrecher und Taktiker bemitleidet, vom Kernharten belächelt, vom Missionar bedauert, kommt er gut über die Runden, da er sich mit keinem anlegt.

Der Kernharte

Er setzt weniger Druck auf als der Eisbrecher, geht dennoch offen seinen geraden Weg, ohne die Möglichkeiten seines Einflusses ungenutzt zu lassen. Unnachgiebig in der Sache, aber elastisch in der Realisierung, versucht er die Kernidee der Neuerung durchzusetzen und wagt dazu auch Chaos, das er wieder in Ordnung einbindet. Er investiert viel Energie in Form von Beharrungsvermögen und scheut sich nicht vor Niederlagen. Seine Grenzen liegen da, wo andere mächtiger sind als er, und er sich den Zwängen beugen muß. Den Missionar verachtet er als realitätsfern, vom Eisbrecher distanziert er sich und den Kompromißbereiten und Taktiker versucht er durch Überzeugung einzuspannen.

Der Missionar

Er kommt aus einer anderen Welt und verkündet die Neuerung prophetisch als Heilslehre. Er bleibt seiner Ordnung fest treu und ändert kein Jota an seiner Philosophie. Vom Kernharten fühlt er sich mißverstanden, dem Taktiker kriecht er auf den Leim und aus dem Kompromißbereiten hofft er, einen Jünger zu machen. Den Eisbrecher läßt er als Gegenideologen links liegen.

Je nach Ziel der Erneuerung mag der eine oder andere Typ bessere Dienste leisten. Der Kernharte bewährt sich bei Sanierungen, der Eisbrecher ist geeignet für Schockwirkungen, der Kompromißler für festgefahrene Machtkonstellationen, der

Missionar sollte bei Bewußtseinsänderungen eingesetzt werden und der Taktiker da, wo Scheinveränderungen oder Retouchen genügen.

Teilung der Verantwortung im Innovationsprozeß

Die Vielfalt der Anforderungen an den Innovator macht es notwendig, verschiedene Begabungen im Laufe der Innovation zum Zuge kommen zu lassen. Die Rollenverteilung soll sicherstellen, daß eine Phase vom passenden Führer gesteuert wird. Dabei muß die Rolle nicht überstreng eingehalten werden, sondern darf auch fluktuieren, was die Notwendigkeit nicht ändert, daß Phase und Führungsnatur aufeinander abgestimmt sein müssen.

Für das Chaos der ersten Phase (Druck): *Der Kreateur*

Um ein neues Feld zu beackern, braucht es den »Champion« (54), das heißt, den Bahnbrecher, der sich ein relativ weites Experimentierfeld zulegt, in dem er die ersten Plausibilitätskontrollen ohne Störung durchexerzieren kann. Häufig sind der Erfinder der Neuerung und der Innovator der ersten Phase identisch, da dann die korrekte Prüfung im sozialen Test-Feld gewährleistet ist. – Keiner ist sein Leben lang Kreateur. Deshalb sind Innovatoren, die in Genieschuppen und Denkfabriken (Forschungs- und Entwicklungsabteilungen) isoliert werden, selten begeisterte Einführer, die den erforderlichen Überzeugungs-Druck im Umfeld erzeugen.

Für die Ordnung der ersten Phase (Euphorie): *Der Experte*

Dem Kreateur muß noch in der ersten Einführungsphase der Spezialist beigesellt werden, der ihn auf den Boden der Realität holt, wenn er mit seinen Ideen über das Ziel hinausschießt. Der Experte setzt sich in vornehme Sach-Distanz und liefert dem Publikum die Sachargumente, nachdem der Kreateur es zum Anbeißen gebracht hat. Hat einmal der Experte seinen Qualitäts-Stempel angebracht, besitzt die Neuerung Chance, sich rasch zu verbreiten. – Dem Kreateur und dem Experten wird es nicht leicht fallen, einen Dialog zu finden. Für das Gelingen des Erstdurchbruchs ist aber unabdinglich, daß beide Innovatoren zusammenarbeiten, was besonders dem Kreateur Mühe macht, da er den Experten als unnötigen Bremser lieber ins Pfefferland wünscht.

Für das Chaos der zweiten Phase (Schwarzmalerei):
Der Verkäufer

In der zweiten Phase wird zur Entkräftung der Schwarzmalerei der Verkäufer benötigt. Mit seiner Überzeugungsgabe deckt er die Lichtseite der Neuerung auf und stellt zwischen Neuerung und Anwendernutzen einen Bezug her. – Die Argumente des Kreateurs und des Experten mögen für das Verständnis der Innovation genügen, überzeugen aber einen Widerständigen nicht. Hier hat der Verkäufer durch das Vorteilgespräch und die Veranschaulichung der Folgen die wichtige Aufgabe, die Zögernden mit Argumenten zu gewinnen, die auf sie zugeschnitten sind.

Für die Ordnung der zweiten Phase (Grenzsetzung):
Der Realisator

Die allzu schönen Versprechungen und Überzeichnungen des Verkäufers werden vom Realisator wieder ins Lot gebracht. Er hat unter Berücksichtigung der Schwarzmaler-Einwände die Neuerung am Real-Möglichen zu prüfen und verwendet als Prüfstein die Durchführungsplanung. Damit setzt es sich mit all den kleinen Widerwärtigkeiten der praktischen Hindernisse auseinander und steht für die Anpassung an das Praktische abrufbereit. – Er ist es, der praktisch vormacht, instruiert, informiert und die Durststrecke begleitet. Meist steht er als Ordnungshüter abseits der Neuerung und gerät nicht in Identifikationsprobleme, wenn Anpassungen an die Realisierungsmöglichkeiten erforderlich werden.

Für die Ordnung der dritten Phase (Aufbau auf Tradition):
Fachpromotor

Die Einführung der Neuerung auf breiter Front ist Führungspersönlichkeiten zu überlassen. Sie schaffen die Kultur für die

Neuerungen, animieren, fördern die Auseinandersetzung und steuern das Geschehen so, daß das geplante Änderungsziel erreicht wird. – Baut die Neuerung im wesentlichen auf Bestehendem auf, ist der *Fach*promotor die geeignete Führungskraft. Er ist für die Einpassung der Innovation vom Testfeld ins Gesamtfeld verantwortlich und hat ein Auge für das zuträgliche Maß an Änderung. Er schützt das Alte und läßt das Neue dennoch zu. Neben dem Kreateur ist er die entscheidendste Figur im Innovationsprozeß.

Für das Chaos der dritten Phase (kreativer Sprung):
Machtpromotor

Gerät die Innovation in die Phase des kreativen Sprungs, d. h. in einen Evolutionsschub, flackern die alten Widerstände auf und werden neue Chaosängste wach, die nur ein Mächtiger dank seines Einflußes bändigen kann. Vor allem wenn sich in der Vorphase die Neuerung bewährt hat, will keiner die Verantwortung für den entscheidenden neuen Schritt übernehmen. – Politische und Unternehmer-Persönlichkeiten finden hier eine dankbare Aufgabe. Oft genügt bei entsprechender Vorarbeit der Kreateure und Fachpromotoren eine formale Unterstützung und Zustimmung, damit sich die Innovation zu ihrer eigentlichen Größe entfalten kann.

In der reinen Chaos-Chaos-Entwicklung wird das Innovationsteam durch den Kreateur, den Verkäufer und den Machtpromotor gebildet. Die Gefahr ist einsichtig: es könnten Luftschlösser oder Seifenblasen produziert werden, die sich in Nichts auflösen, wenn sie in die Bewährungsphase eintreten. Das Innovationsteam des reinen Ordnungs-Ordnungs-Verlaufs setzt sich aus dem Experten, dem Realisator und dem Fachpromotor zusammen, alles typische Ordnungshüter, die lieber das Innovationsprodukt als die Umwelt verändern.

Im idealen Chaos-Ordnungsverlauf dagegen ergänzen sich Chaotiker und Ordnungshüter, unter der Voraussetzung, daß die Kommunikation und Kooperation funktioniert.

Test zur Selbstprüfung

Sind Sie ein Chaos-Manager?

Sie finden jeweils pro Thema (1–6) vier Möglichkeiten vor, sich in einer Situation angepaßt zu verhalten. Prüfen Sie, wie Sie normalerweise reagieren. Geben Sie derjenigen Variante (a bis d), die Ihrem durchschnittlichen Denken und Handeln am ehesten entspricht, vier Punkte! Drei Punkte erhält diejenige Variante, der Sie auch noch zustimmen können, zwei Punkte diejenige, die Sie nur hie und da wählen, einen Punkt diejenige, mit der Sie sich nicht identifizieren können. Bringen Sie auf diese Weise die vier Varianten in eine Rangordnung! Gehen Sie nicht von Ihrem Ideal- oder Wunschbild aus, sondern schätzen Sie sich ein, wie Sie wirklich denken und fühlen!

1. Naturgeschehen

a) Die Natur ist nach einem klaren Bauplan »konstruiert«, über den die Wissenschaften immer mehr in Erfahrung bringen. Das Wissen um die Naturphänomene nimmt eskalierend zu. Wir werden eines Tages die Welt weit besser steuern können, als wir es heute tun.

b) Die Natur ist letztlich ein Rätsel. Es wird uns nie ganz gelingen, ihr auf die Spur zu kommen, weil es Erscheinungen gibt, die nicht berechenbar und steuerbar sind. Möglicherweise wird die Natur von Kräften gelenkt, die wir gar nicht kennen und nie vollends kennen werden.

c) Es gibt in der Natur Dinge, die mathematisch erfaßbar sind und unter Kontrolle gehalten werden können, aber auch Bereiche, wo der Zufall herrscht und die wir nicht in den Griff bekommen. Es kommt auf den Charakter des Phänomens an, wie wir damit umgehen müssen.

d) Die Natur ist, was sie ist: Eine Rose ist eine Rose. Wie wir die Natur sehen, ist immer ein Konstrukt des menschlichen Verstandes. Wie die Welt wirklich ist, wissen wir nicht. Deshalb spielt es auch keine Rolle, wie ich sie sehe. Das heißt jeder soll sie so sehen, wie er sie persönlich erlebt.

2. Denken und Fühlen

a) Es hilft nichts, Gefühle zu negieren. Sie sind immer präsent und beeinflussen Denken und Handeln. Die Wahrheit läßt sich nicht allein mit logischem Nachdenken ermitteln. Wir hätten eine bessere Welt, wenn Gefühl und Intuition mehr beachtet würden. Die großen Erfindungen sind der intuitiven Eingebung und nicht dem scharfen Verstand zu verdanken.

b) Verschiedene Denkarten zu unterscheiden und über Gefühle zu reden, kompliziert das Leben. Die Natur sorgt selbst dafür, daß der Mensch jeweils das Richtige im richtigen Moment tut. Wer grübelt, hat das Vertrauen in die natürliche Entwicklung verloren.

c) Erfolg setzt scharfes und klares Denken und Urteilen voraus. Der Mensch ist primär ein logisch denkendes Wesen, mit Vernunft und Verstand bedacht, die er nutzen sollte. Unseren Fortschritt verdanken wir der Intelligenz und dem Forschungsgeist großer Männer.

d) Manchmal sind die Gefühle wichtiger als das klare Denken, manchmal auch nicht. Der Mensch sollte alle Seiten seiner Persönlichkeit nutzen und einsetzen können. Erst wenn sich Denken und Fühlen ergänzen, entsteht ein gesundes Urteil. Intuitives und rationales Denken sollten im Gleichgewicht stehen.

3. Miteinander leben

a) Der Mensch hat wie jedes Lebewesen einen natürlichen Instinkt. Würde er diesem mehr folgen, könnten wir auf viele Regeln und Ordnungen verzichten. Denn jeder Mensch hat im Grunde genügend ethisch-moralisches Gewissen, um sich so zu verhalten, daß die Gemeinschaft nicht gestört und bedroht wird.

b) Zivilisation und Tradition sind die Basis gesunden Zusammenlebens. Verhaltensregeln und Konventionen sind nicht nur nötig, sondern hilfreich für jede Gemeinschaft. Mit Revolution und Willkür hat es die Menschheit noch nie weit gebracht.

☐ c) Regeln des Zusammenlebens sind in einem offenen Rahmen zu halten, denn oft engen sie Spontaneität und Lebendigkeit ein. Das Leben ist voller Abenteuer und Spannungen, wenn man ihm Freiraum läßt. Wir brauchen vor allem Spielraum, Regeln haben wir genug.

☐ d) Mit Regeln läßt sich nicht alles ordnen. Jeder kann sich auf dieser Welt aber auch nicht nach Gutdünken selbst verwirklichen. Es kommt darauf an, einen Rahmen für das Zusammenleben zu schaffen, der allen zumutbar ist, der aber auch jedem die Möglichkeit gibt, sich einen Freiheitsraum aufzubauen, der ihm persönlich gehört.

4. Alte und neue Welt

☐ a) Jede Epoche hat die Generation, die sie verdient. Wir stehen in einer Wendezeit, die notwendigerweise mit Turbulenz verbunden ist. Man sollte den Jungen eine Chance geben. Jung und alt kann sich verstehen, wenn sich beide Seiten zuhören.

☐ b) Die Geschichte schlägt immer in Extreme aus. Nach einem materialistischen Zeitalter folgt ein spiritualistisches. Im Moment lebt das Zurück-zur-Natur-Bewußtsein wieder auf. Die Romantik wiederholt sich in neuer Auflage. Es ist eine Frage des persönlichen Geschmacks, ob man sich diesem Trend anhängt.

☐ c) Die Jungen haben heute zu wenig moralische Grundsätze, die das Fortkommen unserer Welt garantieren. Was wir brauchen, sind zuverlässige, pflichtbewußte Bürger, die sich unter die zugewiesenen Aufgaben stellen und sich für deren Erfüllung aufopfern. Das Leistungs- und Pflichtbewußtsein sollte wieder wachsen.

☐ d) Die Jungen haben die Grenzen des Wachstums am eigenen Leib zu spüren bekommen. Kein Wunder, wenn sie nüchterner und realistischer die Zukunft betrachten und nicht mehr bereit sind, sich für die Ideale der Väter zu opfern. Man muß bereit sein, die Ideen der Jungen zu verstehen und sich mit ihren Ansichten zu identifizieren.

5. Führung in Organisationen

☐ a) In einer Organisation arbeiten vernünftige Menschen, die wissen, was der Organisation not tut. Man muß nur dafür sorgen, daß die Menschen sich entfalten und mitwirken können. Dann wird sich eine Organisation von alleine aus einem ursprünglichen Überlebenstrieb heraus positiv entwickeln und erfolgreich tätig sein.

☐ b) Mit Führungssystemen und Ordnungsstrukturen allein ist keine Organisation zu führen, sie wird zur Bürokratie. Mit Wildwuchs gerät sie ins Chaos, was zwar fruchtbar sein mag, aber häufig ins Geld schießt. Es braucht für eine Organisation beides: Formalisierung und Freiräume für Informelles. Es liegt an der Führung, die richtige Mischung herzustellen.

☐ c) Die Welt ändert sich laufend. Heute rascher denn je. Also muß sich eine Organisation von heute auf morgen umstellen. Feste Strukturen, Konzepte und Pläne helfen in einer solchen Situation wenig. Viel wichtiger erweist sich die hohe Flexibilität in der Anpassung an kleine Trendänderungen der Umwelt.

☐ d) Führen heißt strukturieren und kontrollieren. Man kann in einer Organisation nicht wirken, ohne zu planen, organisieren und kontrollieren. Selbst Kreativität entsteht in einer Organisation nicht ohne klare Ziele und sauberes Vorgehen.

6. Veränderung und Erneuerung

☐ a) Der erzwungene Fortschritt ist eine ungesunde Tendenz des Menschen. Er hätte es nicht nötig, sich dauernd Neuerungen zu unterwerfen. Deshalb ist die Besinnung auf das Einfache und Notwendige wichtiger. Wenn etwas zur Änderung reif ist, wird es sich von selbst entwickeln.

☐ b) Eine echte Erneuerung basiert auf Tradition, verändert aber diese zugunsten eines neuen Zieles. Deshalb besteht die Kunst der Veränderung darin, das Neue ins Alte zu integrieren und dadurch ein neues Ganzes zu schaffen. Ohne ein Stück Verunsicherung entsteht nichts Neues, ohne eine Einbindung in die bestehenden Ordnungen kommt das Neue nicht zur Wirkung. Deshalb muß eine Neuerung wuchern können, sie muß aber auch diszipliniert werden.

☐ c) Entwicklung ist ein dynamischer, nicht berechenbarer Prozeß. Man muß sich ihm überlassen und von ihm tragen lassen können. Die Künstler sind uns darin ein Vorbild. Jede kreative Neuerung braucht einen inneren Auseinandersetzungsprozeß, den ich grundsätzlich nicht im Griff habe, obwohl er in mir passiert.

☐ d) Um eine Erneuerung durchzusetzen, braucht es eine klare Strategie und enorme Durchsetzungskraft. Der Mensch neigt dazu, immer wieder in alte Gewohnheiten zurückzufallen. Man muß bei Neuerungen strikt darauf achten, daß sie eingehalten werden und durch entsprechende Sanktionen das neue Verhalten erzwingen.

Auswertung des Fragebogens »Chaos-Manager«

In der nachstehenden Tabelle finden Sie die Antwort auf die Frage: Bin ich ein Chaos-Manager?
Beginnen Sie mit dem ersten Test »Naturgeschehen«! Übertragen Sie Ihre Werte in die dazugehörige Kolonne (auf Buchstaben neben den eingesetzten Zahlen achten!). Fahren Sie mit dem Test »Denken und Fühlen« in der nächsten Zeile fort usw. Zählen Sie schließlich die einzelnen Kolonnen zusammen!

Test	Stil I	Stil II	Stil III	Stil IV
1 Naturgeschehen	a	b	c	d
2 Denken und Fühlen	c	a	d	b
3 Miteinander leben	b	c	d	a
4 Alte und neue Welt	c	d	a	b
5 Führung in Org.	d	a	b	c
6 Veränderung und Erneuerung	d	c	b	a
Total				

Das Chaos-Management-Modell

Chaos-Management verlangt beides: die Fähigkeit, Ordnung aufzulösen, Chaos zuzulassen sowie nach erfolgter Neuschöpfung die
Ordnung wiederherzustellen. Eine ideale Führungsform versucht
beide Führungsaspekte, Chaos und Ordnung, miteinander zu verbinden. Die Kombination beider Tendenzen läßt sich mit folgendem
Schema veranschaulichen:

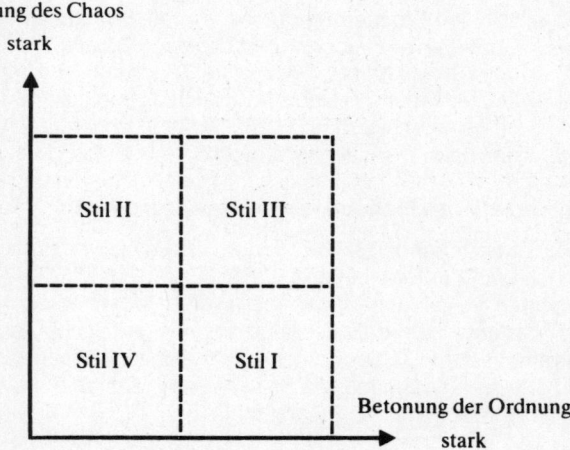

Die in der Auswertungstabelle errechneten Totale besagen, wie Sie
die vier Führungsmodi gewichten. Derjenige Stil mit der höchsten
Ziffer ist Ihr Hauptstil, Sie werden ihn bevorzugt anwenden. Den
zweithöchsten benützen Sie als Ersatzstil, wenn der erste versagt.
Dritter und vierter Stil haben eine untergeordnete Bedeutung.
Überlegen Sie sich, ob es nicht zweckmäßig wäre, die untergeordneten Führungsstile zu aktivieren und einer Wert-Revision zu unterziehen.

II Chaos- Management	**III** Kreativ- Management
IV Management- Abstinenz	**I** Ordnungs- Management

Jeder Führungsaspekt kann sich positiv oder negativ auswirken, je nach dem Kontext, in dem er angewandt wird, und je nach Art und Weise der Praktizierung. Infolgedessen sind die vier Führungsstile nach Wertigkeit zu differenzieren:

II + Führen mit Kultur − Führen mit Wildwuchs	**III** + Schöpferisches Führen − Führen durch Lockerung der Steuerung
IV + Situatives Führen − Launisches Führen	**I** + Führen mit Management-System − Führen mit Bürokratie

Prüfen Sie in der folgenden Übersicht nochmals, ob Haupt- und Ersatzstile sowie die untergeordneten Stile wirklich Ihrem alltäglichen Führungsverhalten entsprechen. Achtung vor verzerrtem Selbstbild!

Der Ordnungs-Manager

Er bevorzugt: – *Transparenz und Einflußmöglichkeit in jeder Hinsicht zu gewinnen*
– *Abweichungen festzuhalten und zu reglementieren*
– *Fehler um jeden Preis zu vermeiden*
– *logische, absolut durchdachte Systeme und Strukturen zu installieren*
– *eine Fülle von Daten, bzw. möglichst alle verfügbaren Daten für eine Entscheidung zu besitzen*

Der Chaos-Manager

Er bevorzugt: – *Intuition, Flair, Gespür in wichtigen Entscheidungen voll einfließen zu lassen*
– *Frei- und Spielräume für sich und andere zu schaffen*
– *genügend Zeit für organisches Wachstum und Entfaltung einzuräumen*
– *Informationen »zwischen den Zeilen«, über informelle Abläufe, über Stimmung, Klima und Trends zu erhalten*
– *Motivation, Identifikation, Sinndiskussionen, Konfliktbearbeitung zu fördern*

Der Kreativ-Manager

Er bevorzugt: – *Freiräume zu gewähren und gleichzeitig zu begrenzen*
– *wechselnd rationale Kontrolle einzusetzen und Irrationales einfließen zu lassen*
– *Fakten und Daten mit Erlebnis und Gefühl in Verbindung zu bringen, d. h. den zugrundeliegenden Wert zu erfassen*
– *Zielsetzungen elastisch zu gestalten, so daß Zwang und Freiheit sich ergänzen*
– *Die Kultur bei gleichzeitiger Erhaltung der Management-Systeme zu pflegen und die Systeme aus dem Führungsprozeß wachsen zu lassen*

Der Abstinenz-Manager

Er bevorzugt: – *Entscheidungen an andere Instanzen (Experten oder Umwelt) zu delegieren*
– *sich rasch an bestehende Verhältnisse anzupassen, wenn nötig mit abruptem Kurswechsel*
– *heikle Situationen offen zu lassen, um Zeit zu gewinnen, und mit diplomatischem Geschick zu überbrücken*
– *das im Moment Mögliche zu realisieren und dabei weniger auf Konzepte und Pläne abzustellen*
– *Wertsetzungen laufend mit zu revidieren und sich dabei mächtigen Einflußgrößen unterzuordnen*

Der Stil des Kreativ-Managers kann nicht gradlinig erworben werden. Wie die wahre Freiheit nur über die Opposition (Gegenabhängigkeit, siehe Pubertät in der Ablösung vom Elternhaus) gewonnen wird, muß der Kreativ-Manager den Umweg über das Chaos-Management wählen. Auf diese Weise wird ein Ordnungs-Manager

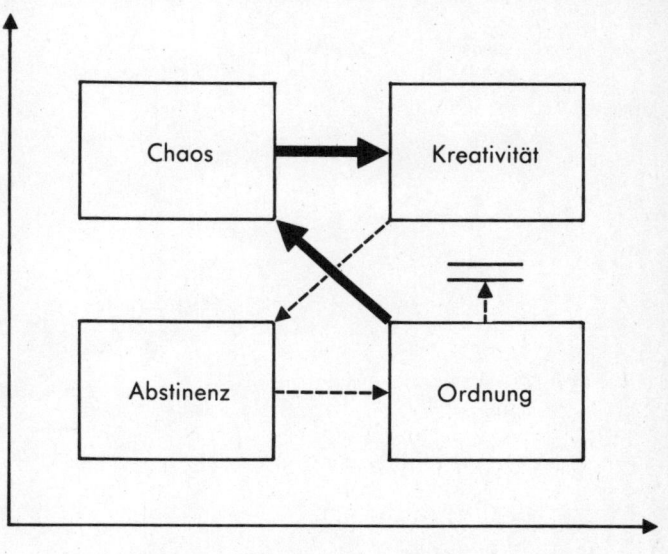

Nur über das Chaos- zum Kreativitätsmanagement

129

durch die Erfahrung als Chaos-Manager langsam zum Kreativ-Manager heranwachsen. Dieser Entwicklungsgang ergibt sich bereits aus der Definition des Kreativ-Stils: Der Kreativ-Manager integriert Chaos und Ordnung, das heißt, er läßt Chaos in einem weit gesteckten Ordnungsrahmen zu.

2. TEIL

GERÜSTET INS CHAOS

mit Tests zur Selbstprüfung

7. DIE BREMSEN DES CHAOS

Chaos als ordnungsloser Raum, aus dem eine Neuschöpfung entsteht, ist die Eingangstür zur Kreativität. Erst wenn bestehende Ordnungen ver-rückt werde, kann sich Kreativität entfalten. Unsere Denkkultur ist aber an Ordnungen gebunden, selbst wenn sie sich jenseits des Kausalitätsprinzips bewegt. Offenbar widerspricht der Zustand des Chaos unserer Natur zu denken. Kaum ist eine Denkstruktur gelockert oder gar aufgelöst, stellt sich eine neue ein. Dieser Sachverhalt wurde auch oben durch die Beschreibung des Chaos im Menschen, zwischen den Menschen und in Organisationen bestätigt.

Es kann sich also nicht darum handeln, das totale Chaos herbeizuführen, sondern chaotische Zustände zu schaffen die durch Auflösung einzelner Strukturen entstehen. Nun widerstrebt aber dem Menschen prinzipiell die Veränderung von Ordnungssystemen. Von Natur aus ein Wesen der Gewohnheit und Tradition, halten ihn zahlreiche innere Befehle davor zurück, mit Ordnungsstrukturen zu experimentieren. Diese Befehlsinstanzen sind als feste Werte in die Persönlichkeit eingebunden und im früher erwähnten Kultur-Skript, Elternhaus-

Skript und Unternehmens-Skript verankert. Wir begegnen diesen Chaosverhütern deshalb in allen Lebensbereichen, zu Hause, am Arbeitsplatz und in der Gesellschaft. Keiner kann diesen unsichtbar und subtil wirkenden Kobolden entgehen, die dafür sorgen, daß auch nur eine Spur Chaos einbricht.

Einige dieser Chaosvermeider sind besonders hartnäckig und nicht an eine individuelle Mentalität gebunden, sondern treten praktisch immer auf, wenn es darum geht, Chaos zu entfalten. Sie melden sich meistens nicht direkt als Hindernisse an, sondern treten als Argumente auf, mit der die kreative Lösung oder die Innovation bekämpft wird (55). Grundsätzlich entwerten die Chaosbremser jede kreative oder innovative Aktivität, indem sie ein nicht kreatives Prinzip als Vorbild hinstellen und vor der Gefahr oder der Sinnlosigkeit des Chaos warnen.

Da die Vernunft und der Verstand leicht auf die einleuchtenden Argumente hereinfallen, haben die Chaoskiller ein leichtes Spiel. Ins Gewicht fällt dabei vor allem die konstruktive Funktion der Killer im Aufbau der Leistungsgesellschaft, denn die Chaoskiller sind gleichzeitig entscheidende Motivatoren und weitgehend für den hohen Entwicklungsstand unserer Industriegesellschaft verantwortlich.

Nur wer diese Bremskräfte kennt und ihr Erscheinen frühzeitig entdeckt, wird in der Lage sein, sich deren Einfluß zu entziehen. Dem Chaos kann sich keiner nähern, der nicht die Chaosbremsen gelockert hat. Deshalb ist die beste Vorbereitung für den Einstieg ins Chaos das Training im Erkennen der versteckt agierenden Chaoskiller.

Bremse Nr. 1: Logisches Denken

Das rationale, linksseitige Denken hat – wie bereits mehrfach erwähnt – in der Gesellschaft der Neuzeit absoluten Vorrang (»Zuerst denken, dann handeln!«). Wer denkt, denkt selbstverständlich logisch, prägnant und klar, das heißt, einseitig linkshemisphärisch. (»Ein Denker ist kein Schwätzer.«)

Gewinnen Intuition, Affekte oder Stimmungen Oberhand, ist der »Kopf verloren«. (»Nichts Schlimmeres, als den Kopf verlieren.« Oder: »Cogito, ergo sum«, d. h. meine Existenz verdanke ich dem Denken). Eine Menge solcher Gebote und Verbote sind in uns gespeichert und halten Chaosentwicklungen zurück, ohne daß wir uns darüber im klaren sind.

Die Dominanz der linksseitigen Denkfunktionen duldet nicht, daß auch über kurze Strecken das rationale Denken ausgeschaltet oder das rechtsseitige zugeschaltet wird. Eine Anzahl von inneren Stimmen hält Intuition und Gefühl in Schach, wenn Denken gefragt ist. Die angewandte Kreativitätsforschung versuchte diesem Übel abzuhelfen und erfand Methoden, welche den reflexartigen Rückzug ins rationale Denken durch Regeln und Zwänge unterbinden (Brainstorming, Synektik usf. 56). Sie verbieten das Werten, Ordnen und Sichten der Gedanken und aktivieren die freie Assoziation von Gedanken und Bildern.

Der Abbau der Barriere Logik ist zwar hilfreich und wichtig, genügt aber nicht allein zur Freisetzung der Spontaneität. Die Zurückbindung der Chaoskiller gibt den Chaoskräften die Chance, sich vorzudrängen, garantiert aber nicht ein konstruktives Chaos, das Erneuerung schafft. Dazu muß das Chaos gestaltet und bearbeitet werden (siehe nächstes Kapitel).

Bremse Nr. 2: Expertentum

Fachwissen genießt hohen Rang. Das gesunde Urteil eines Laien gilt wenig gegen das abgewogene Urteil eines Experten, der sein Fach bis in alle Feinheiten beherrscht und der auf dem Laufenden der neuesten Entwicklung steht.

Verständlicherweise strebt unter diesen Bedingungen ein Berufsmann möglichst rasch nach einem Spezialistenausweis. Der Marschallstab steckt heute im Tornister des Spezialisten. Kein Wunder, wenn heute praktische Generalistenausbildungen fehlen und die Generalisten allenthalben Mühe haben, sich ein reifes, expertenunabhängiges Urteil zu bilden.

Der Fachexperte bewegt sich fern vom Chaos nur auf einem sicheren Boden, weiß er doch, daß ihn die Schuld trifft, wenn etwas schief läuft. Deshalb sichert er sich klug und vorsichtig nach allen Seiten ab. Als notwendigerweise engstirniger und mächtiger Mann ist er keine Leitfigur für Neuerungen. Dazu fehlen ihm Mut und Weisheit. Wer deshalb mit Chaos experimentieren will, muß sich aus der Einflußsphäre der Experten begeben.

Bremse Nr. 3: Lieblingstheorie

Eine bevorzugte Idee, die sogenannte Lieblingstheorie, kann nicht mit Sachargumenten angefochten werden, da sie emotional verankert ist und als innere Überzeugung auftritt, für die jede Art von Chaos bedrohend wirkt.

Die innere Überzeugung spielt als Glaube in unserer christlichen Kultur eine bedeutsame Rolle. (»Der Glaube versetzt Berge. Glaube macht lebendig. Der Glaube macht selig. Ohne Glaube keine Liebe, keine Hoffnung.«) Aber auch im weltlichen Denken ist Glaube ein Schrittmacher: Zuversicht, Leitlinie, Zielorientierung, Zukunftsgestaltung, Überzeugung, Credo, Zeichen, Symbole. Der Glaubensfeste ist also durch das Kulturskript geschützt, selbst derjenige Glaubenseifrige, der sich seine Überzeugung aus irrationalen Werten wie z. B. aus religiösen Offenbarungen und damit aus einer chaotischen Welt bezieht.

Besonders chaosfeindlich sind Credos, die nicht dem Kulturskript, sondern dem Elternhausskript oder der persönlichen Lebenserfahrung entnommen sind. Als fixierte Erfahrung werden sie durch häufige Wiederholung zu festen Lebensmaximen, die keine Ausnahmen dulden. Das selbst gewonnene Dogma erlaubt noch weniger Nebenwege und Experimente als das Kulturdogma.

Bremse Nr. 4: prägende Erfahrung

Jeder schaut die Welt durch seine eigene Brille. Schule, Ausbildung und Beruf, Milieu und Mitwelt haben die Gläser eingefärbt. Die menschliche Psyche sorgt hartnäckig dafür, daß die Brille in ihrer ursprünglichen Farbe erhalten wird.

Traditionelles Lernen nimmt nur auf, was ins Erfahrungsbild paßt. Wir erweitern unser Repertoire selektiv, indem die Erfahrung herausfiltert, was sich nicht sinngemäß einordnen läßt.

Natürlich hilft uns diese Eigenschaft, uns in der komplizierten Wahrnehmungswelt zurechtzufinden. Sie blendet andererseits alles aus, was nicht ins Bisherige paßt.

Wir leben am Ende eines Zeitalters, das der Erfahrung hohe Bedeutung verliehen hat: »Alles Wissen stammt aus Erfahrung« (Kant). Wissenschaft heißt empirische Verifikation. Empirie, das einzig gültige Wissenschaftszeugnis, hat Triumphe gefeiert. Diese Tradition macht die Erfahrung unanfechtbar. Was der Erfahrung widerspricht, gilt nichts. Die Schule des Lebens, sagt man, läßt sich nicht schwänzen.

Ein alter Fuchs und ein alter Hase genießen hohes Ansehen, dagegen ist der Erfahrungslose ein Grünhorn, ein junger Adept, der zuerst durch die harte Schule der Erfahrung abgeschliffen werden muß, bevor seinem Urteil Beachtung geschenkt wird. Wer von sich sagen muß, er haben keine Erfahrung, holt sich kein geneigtes Ohr, er steht außerhalb. Eine der beliebtesten Arten, sich vor dem Chaos zu retten, ist deshalb der Rekurs auf die Erfahrung. Gegen diesen Einwand kommt keiner an.

Bremse Nr. 5: Normen

Normen sind Selbstverständlichkeiten, die sich gerne als Sachzwänge verkleiden, wenn sie als Chaoseinwand benutzt werden. Ursprünglich haben die Normen die Aufgabe, das Zusammenleben zu regeln. Sie gelten deshalb als Hauptstück der Erziehung. In primitiven Gesellschaften werden Normenverletzungen mit dem Tode bestraft, in Hochkulturen mit moralischem Druck (»Wir lieben dich nur, wenn du folgsam bist.« »Das ist Sünde.«) oder mit Verbannung »Geh in dein Zimmer«!, Ghetto von Minoritäten, Ausweisung Abtrünniger). Die meisten Normen sind rigoros wirkende Chaosfeinde. Noch chaoshemmender wirkt aber die Normentreue selbst. (»Sei artig und lieb!«) Nicht auffallen, nicht aus der Reihe tanzen, die Etikette einhalten, Konventionen beachten, Anstand wahren, sind die Selbstverständlichkeiten des Normentreuen. Wer sich einfügt und nicht ausbricht, wird mit Anerkennung belohnt: Er hat Tugend, Maß und Sitte. Ein solcher Puritanismus kann leicht als Festung gegen das Chaos errichtet werden und hilft, Chaos fernzuhalten. Der Regelbrecher wird als Verräter aus der Gemeinschaft ausgestoßen.

Bremse Nr. 6: Systeme

Systeme dienen als Gerüste zur Einordnung von zusammenhanglosen Elementen. Sie sind neben den Normen das wichtigste Instrumentarium der Ordnungshüter. Es liegt im Wesen der Ordnungssysteme, daß sie logisch funktionieren, Transparenz schaffen, Disziplin verlangen und eine Standortbestimmung in Raum und Zeit ermöglichen.

Unsere Geistesschulung erschöpft sich zur Hauptsache im Schaffen und Füllen von Systemen und Strukturen. Wir sind unermüdlich, bis eine Sache am richtigen Ort abgelegt ist. Die linke Gehirnhälfte mit ihrem Sprachzentrum leistet dabei die Hauptarbeit.

Unser Werthaushalt überquillt deshalb von Systemforderungen. (»Jedes Ding hat seinen Ort.« »Ordnung ist das halbe Leben.« »Ordnung hilft haushalten.«) Wann und wo immer die Steuerbarkeit und Machbarkeit ins Wanken gerät, in Krisen, in Expansionsphasen, im Überhandnehmen von Irrationalität, müssen die Dinge mit Hilfe von Systemen sofort ins Lot gebracht werden. Man denke an all die Systeme, welche die Management-Lehre der letzten zwanzig Jahre ersonnen hat! (siehe Kapitel 5)

Bremse Nr. 7: Risikoangst

Sicher ist der schmale Weg der Pflicht, unsicher die breite Straße der Einfälle. Wer Raum und Zeit beherrscht, bleibt in Sicherheit. Wer im Schutze seiner Strukturen und Systeme eingehängt bleibt, ist uneinnehmbar und unverwundbar. Je komplexer und risikoreicher unsere Technik wird, desto ausgeklügeltere Sicherungs-Systeme sind erforderlich. Unser Sicherheitsbewußtsein steht auf einem hohen Niveau.

Je sicherer unser Alltag wird, desto kritischer stehen wir dem Risiko gegenüber. Risiko eingehen heißt Fehler zulassen, und

Fehler haben Folgen nach dem Domino-Effekt. Dies wird uns tagtäglich in den Medien veranschaulicht und eingeprägt. Deshalb wird der Vorsichtige und Umsichtige sozial höher geschätzt als der Wagemutige. Sein Ordnungsgerüst wird ihn davor hüten, Fehltritte zu machen. Er kann bequem zurückliegen, sich großzügig zeigen und vertrauensvoll in die Zukunft blicken. Er kann aus sicherem Port gemächlich raten und weiß im nachhinein immer, wie man etwas hätte besser machen können.

Wer den sicheren Port verläßt, begibt sich auf hohe See und ist Stürmen ausgesetzt. Er setzt sich dem Chaos aus, steht allein und sieht sich mit Überraschungen, Änderungen, Umwertung von Grundwerten konfrontiert. Er sitzt im Durchzug und wird nicht geschont. Dafür steht er mit beiden Füßen im vollen Leben und gewinnt ihm neue Seiten ab: der Preis des Chaos-Experimentes.

Bremse Nr. 8: Macht

Menschliches Meinen, Entscheiden und Handeln läßt sich verblüffend konsequent von der Machtfrage her ausleuchten. In jeder Interaktion spielt die geheime Frage eine Rolle: Wer ist der Stärkere? (siehe Kapitel 4). In unserer Kultur wird im Wettbewerb und im Rivalitäts-Kampf das Oben und Unten ständig getestet. Bei Neuerungen steht der Stempel des Autors mehr im Vordergrund als die Neuerung selbst. (»Das ist meine Idee!« Eine Idee, z. B. in der Politik, ist unbrauchbar, weil sie aus der falschen Küche stammt.)

Wir sind alle zur Rivalität erzogen. (»Kämpfe für deine Sache!« oder »Duck dich nicht!«), auch wenn dem jüdischen »Zahn um Zahn« das christliche »Halt die andere Wange hin« entgegensteht. Schulsystem, Begabtenauslese, Karriere, beruhen auf dem Prinzip der Selektion der Besten. Wer gelernt hat, mit einer Einzelleistung andere zu übertrumpfen, hat mehr Erfolg als derjenige, der gemeinsam mit anderen eine Hürde zu bewältigen versucht. Kreative Neuerungen sind heute dagegen weitgehend Resultate einer Teamarbeit, in der das Profilierungsbedürfnis einzelner nur störend wirkt.

Machthaber möchten zudem die Verhältnisse klar vorausbestimmend festlegen (siehe Diktaturen), so daß kein sich selbst organisierender Prozeß entsteht. Denn Mächtige müssen in Neuordnungen damit rechnen, Status zu verlieren. Wer ein Machtpodest halten will, stellt sich keinem Chaos, das – wie jede Neuordnung – die Machtchancen neu verteilt.

Bremse Nr. 9: Prestige

Der Mensch überlebt nicht ohne Zuwendung und Anerkennung. Wer in seiner Kindheit Zuwendung entbehrt hat, ist auf die Quelle äußerer Bedeutungsverleihung stark angewiesen. Ein solcher Anerkennungssüchtiger benötigt den dauernden direkten oder indirekten Beifall der Umwelt existentiell und wird einen Neuerungsprozeß für seine neurotischen Zwecke nutzen. Auch in geringen Dosen kann Anerkennung und Beachtung als primäres Ziel in Entwicklungsverläufen zum Chaoshemmer werden.

Der Anerkennungshungrige hat im Chaos nur zu verlieren, da er im Chaos sein mühsam erworbenes und gehütetes Prestige aufs Spiel setzt, denn ein konstruktives Erneuerungschaos läßt die *wahren* Sachverhalte ans Tageslicht kommen: Die Maske fällt, die Fassade bröckelt ab, die schönen Kleider fallen. Die Insignien des Ansehens verlieren ihren ursprünglichen Wert. Die Fahnenträger werden zu Fußvolk, der einfältige Dummling wird geadelt. Die Prestigeverhältnisse kehren sich wie in vielen Märchen um.

Dagegen ist uns aber Massiv eingetrichtert worden: Kleider machen Leute. Behalte stets eine reine Weste! Halt Deinen Namen in Ehren! Achte auf Deinen Leumund! Nichts ist so verheerend wie ein schlechter Ruf. Von den Lebensgütern ist der Ruhm das höchste usf., lauter Elemente des Kulturskripts, denen mehr oder weniger jeder unterworfen ist.

Bremse Nr. 10: Autonomie

Das Vorurteil, echte Neuerungen beruhen letztlich auf der Leistung eines einzelnen im stillen Kämmerlein, lebt als

138

unauslöschlicher Heldenmythos immer wieder auf und ist nicht auszurotten. Der Mythos beruft sich auf Ausnahmeerscheinungen früherer Zeiten (Edison, Gutenberg usf.) und verkennt, daß die Einzelleistung eines Genies ein aufnahmebereites soziales Umfeld benötigt, damit sich die Idee durchsetzt. Heute ist jedem Forscher selbstverständlich, daß keine Neuerung ohne Teamwork zustande kommt und daß das auf Autonomie bedachte Geniegebaren eines einzelnen den kreativen Prozeß im Team stört.

Ganz allgemein ist das Streben einzelner, sich ein eigenes Reich aufzubauen und zu verwalten in einem Neuerungsprozeß, kontraproduktiv. Jedes einseitige Festlegen der Kommunikationsstruktur hemmt den Einstieg ins Chaos, jede einseitige Ausrichtung in der Beziehungsgestaltung hemmt den freien Fluß der Entwicklung. Autonomie im Stil einer Absetzbewegung, in der womöglich noch eine reaktive Tendenz die Nahrung liefert, verunmöglicht die Freiheit, die das Chaos zur Entfaltung benötigt.

Test zur Selbstprüfung

Die zehn Chaosbremsen

A) Erfolgsfaktoren

Stufen Sie die nachstehenden Erfolgsfaktoren nach ihrer Wichtigkeit ein! Antworten Sie spontan, so wie Sie eigentlich empfinden (rechtsseitiges Denken)! Benützen Sie dazu folgende Wertskala:

5 sehr wichtig für Erfolg
4 wichtig für Erfolg
3 mehr oder weniger wichtig für Erfolg
2 nicht so wichtig für Erfolg
1 unbedeutend für Erfolg

Test: Erfolgsfaktoren

□ 1 Denken
(Scharfsinn, Verstand, Durchblick, Intelligenz)

□ 2 Fachwissen
(Beschlagenheit im eigenen Fachgebiet bis in alle Feinheiten, fachmännisches Urteil)

□ 3 Glaube
(Überzeugung, Leitlinie, Credo, Zielorientierung, Weltbild)

□ 4 Erfahrung
(reicher Schatz an Wissen und Können, vieles gesehen, erlebt und gegenwärtig haben)

□ 5 Regeltreue
(Anpassung an Brauch und Sitte, Festhalten an Spielregeln, Rücksicht auf Konvention und Etikette)

□ 6 Ordnungsliebe
(Einsatz von Plan und Methode, Einhalten der Programme und Ordnungen, Einordnung und wenn nötig Unterordnung)

☐ 7 Sicherheit
(Schutz vor Unvorhergesehenem, kalkuliertes Risiko, Absicherung durch Kontrolle, Pflichterfüllung)

☐ 8 Einfluß
(Wirkung aufgrund Bedeutung, Überlegenheit, Willenskraft und Überzeugungskraft, Führungsbegabung)

☐ 9 Ansehen
(guter Ruf, Achtung und Anerkennung durch die Mitwelt, Untadeligkeit)

☐ 10 Selbständigkeit
(gesunde Unabhängigkeit und Selbstsicherheit, Selbstvertrauen, Ungebundenheit)

Zählen Sie Ihre Werte zusammen. Eine Summe zwischen 40 und 50 Punkten besagt, daß die Erfolgsträger für Sie eine hohe Wertigkeit besitzen. Überlegen Sie, ob Sie situativ auf diese Erfolgswerte verzichten können!

B) Lebensziele

Im folgenden Test prüfen Sie, ob die Erfolgsfaktoren Bestandteil Ihrer Lebensziele sind. Bewerten Sie ohne langes Nachdenken die Lebensziele nach folgender Skala:

5 spielt in meinem Leben eine wichtige Rolle
4 spielt in meinem Leben eine Rolle
3 spielt hie und da je nach Situation eine Rolle
2 ist für mein Wohlbefinden nicht entscheidend
1 vernachlässige ich generell

Test: Lebensziele

☐ 1 logisch und sauber denken und urteilen

☐ 2 in seinem Fach fundiert Bescheid wissen

☐ 3 eine klare Leitlinie des Handelns haben

☐ 4 über eine reiche Erfahrung verfügen

☐ 5 sich an Brauch und Sitte halten

☐ 6 planvoll und systematisch leben

☐ 7 auf sicher gehen

☐ 8 Einfluß haben und nehmen

☐ 9 Anerkennung und Achtung finden

☐ 10 sich selbst verwirklichen und unabhängig sein

Total Punkte: _____

Zählen Sie die einzelnen Punkte zusammen. Das Total (mehr als vierzig Punkte) besagt, ob die Chaosbremsen in Ihrer Lebensgestaltung einen festen Platz einnehmen.
Die Bremsen wirken nicht chaoshemmend, wenn Sie in der Lage sind, auf sie in Erneuerungsprozessen zu verzichten. Deshalb kommt als weiterer Beurteilungsfaktor die Aufschubfähigkeit hinzu.

C) Werteverzicht

Beurteilen Sie die folgenden Werte vorbehaltlos (Erforschung des Eltern-Ich) darauf, ob Sie leicht oder mühsam darauf verzichten können und benützen Sie dazu folgende Skala:

5 kann schlecht darauf verzichten
4 verzichte darauf ungern
3 kann mehr oder weniger darauf verzichten
2 kann darauf verzichten
1 verzichte darauf ohne Probleme

Test: Werteverzicht

☐ 1 Logische Klarheit

☐ 2 Fachliche Beschlagenheit

☐ 3 Theorie, die mir wichtig ist

☐ 4 meine persönliche Weltanschauung

☐ 5 Einhaltung von Konvention

☐ 6 Verwendung von Ordnungshilfen und Strukturen

☐ 7 Garantien

☐ 8 Macht und Wettbewerb

☐ 9 Wahrung des Gesichtes

☐ 10 Autonomie

Total Punkte: _____

Zählen Sie wiederum die einzelnen Punktzahlen zusammen!
Ob die Bremsen wirklich wirken, ist im weiteren von deren Gefühls-
bindung abhängig.

D) Präferenzen

Prüfen Sie, ob positive Gefühle aufsteigen, wenn Sie nachfolgende
Begriffe lesen. Setzen Sie den Grad Ihrer »Sympathie« in Ziffern um
nach folgender Skala:

5 liebe ich sehr
4 bevorzuge ich
3 habe eine ausgeglichene Beziehung dazu
2 habe wenig Beziehung dazu
1 ist mich gleichgültig

Test: Präferenzen

☐ 1 Scharfsinn

☐ 2 Wissen

☐ 3 Credo

☐ 4 Grundsätze

☐ 5 Norm

☐ 6 Systematik

☐ 7 Verläßlichkeit

☐ 8 Führung

☐ 9 Ruf

☐ 10 Alleinarbeit

Totale Punkte: _____

Zählen Sie wiederum die einzelnen Werte zusammen und übertragen Sie diese Total, zusammen mit den Totalen der übrigen Tests, in folgende Tabelle ein.

Auswertung 1

		Punkte
A	Erfolgsfaktoren	
B	Lebensziele	
C	Werteverzicht	
D	Präferenzen	
	Total	

Erreichen Sie in den vier Tests unter 150 Punkte, dürften Ihre Chaosbremsen nicht so stark wirken, daß Sie sich unbewußt der Auflösung bestehender Ordnungen radikal entgegensetzen. Über 150 Punkte haben Sie mit mehr oder weniger heftigen inneren Widerständen gegen Chaoserscheinungen zu rechnen, eine absolut normale menschliche Eigenschaft, da bekanntlich die Vermeidung des Chaos zu den Ureigenschaften von Lebewesen gehört und der Mensch erst in jüngster Geschichte über die Fähigkeit verfügt, feste Werte und Gewohnheiten abzulegen.

Auswertung 2

Möglicherweise machen Ihnen nur einige der zehn Chaosbremsen zu schaffen. Wenn Sie Anhaltspunkte für die Veränderung von einzelnen Bremsen erhalten möchten, übertragen Sie die einzelnen Werte des Tests in nachstehende Tabelle und bilden Sie die Quersumme pro Chaosbremse.

Test: Bremse	A	B	C	D	Total (Summe A + B + C + D)
1					
2					
3					
4					
5					
6					
7					
8					
9					
10					
Gesamttotal (: 40 = Durchschnitt)					

Übertragen auf Seite 189

Die Bremse mit der höchsten Punktzahl besitzt die höchste Wertigkeit und wird in erster Linie bei herannahendem Chaos aktiviert. Weitere Bremsen mit hohen Punktzahlen wirken als Ersatzbremsen. Relevant wird eine einzelne Bremse nur, wenn die Punktzahl deutlich vom Durchschnitt absticht (Gesamttotal geteilt durch 40).

8. Die Orientierungshelfer im Chaos

Wer ins Chaos gerät, kann annehmen, daß er sich in der Turbulenzphase einer kreativen Entwicklung befindet. Die dem Chaos zugehörige Haltlosigkeit und Orientierungslosigkeit widersteht uns bekanntlich, ist aber – wie wir wissen – in keiner Weise umgehbar.

Die Ungewißheit kann allerdings durch das Wissen um die Rahmenstruktur gemildert werden. Jeder Entwicklungsprozeß durchläuft im Prinzip fünf Stufen, von denen jede ihre eigene Aufgabe, ihre eigene Dynamik und Methodik hat (57).

Die fünf Aufgaben des Entwicklungsprozesses

Erste Aufgabe

Muß und Soll relativieren:
bestehende Wertvorstellungen und Verhaltensmuster (Kulturskript, Unternehmensskript, Elternhausskript) erkennen, von ihrem Automatismus befreien, Sinn und Zweck der Muß- und Sollziele hinterfragen, Prinzipien, Grundsätze, Leitwerte der Situation anpassen, d. h. relativieren.

Zweite Aufgabe

Spontaneität freisetzen:
frei fließen lassen, was an Ideen, Phantasien, Möglichkeiten noch unfertig und unausgesprochen auftaucht (siehe Brainstorming und andere Kreativitätsmethoden); sich äußern, sich ausdrücken, aus sich herauskommen und dabei auch unübliche Ausdrucksformen benützen, zum Beispiel Bild, Symbol, Bewegung, Ton wie im künstlerischen Ausdruck; außerdem vor allem Rechtshirndenken, Gefühle und Stimmungen zum Zuge kommen lassen.

Dritte Aufgabe

Kern suchen:
aktiv und konzentriert nach neuen Zuständen, Formen und Gestalten suchen, mit anderen Worten, intensiv Entwicklungsspuren verfolgen, sich damit rational *und* intuitiv auseinandersetzen, sich für Neues engagieren, aber auch davon wieder distanzieren, sich konzentrieren, aber auch entspannen, ordnen und Ordnungen auflösen, bei etwas bleiben, sich aber auch wieder ablösen.

Vierte Aufgabe

Grundkonflikt lösen:
dort, wo man ansteht, nicht aufgeben, sondern ausloten; sich den Kontradiktionen und Polaritäten stellen, versuchen die Gegensätze zu erkennen, zu verbinden und auf höherer Stufe zu überbrücken, mit anderen Worten, das »Skelett im Schrank« herausholen, die letzte geheimnisvolle Türe öffnen und den Sprung zum Neuen geschehen lassen.

Fünfte Aufgabe

In die Praxis umsetzen:
die Neuerung durch Anpassung und Umformung ins soziale Umfeld integrieren, so daß sie verständlich, zumutbar, wirkungsvoll und sinnvoll für den Benützer wird, dazu das Umfeld partizipieren lassen; Übersetzungsarbeit leisten und das Neue angenehm und attraktiv gestalten, soweit der Neuerungsgehalt nicht verfälscht wird.

Die fünfstufige Entwicklung ist ein beschwerlicher Weg, auf dem das Unterwegs-Sein ebenso wichtig ist wie die Zielerreichung. Der einzelne Abschnitt kann nicht leichterdings hinter sich gebracht werden, sondern benötigt Zeit für die Einstimmung, Durcharbeitung und Vertiefung. Dabei tritt die aktive Steuerung gegenüber dem Wirken- und Tragenlassen (Chaos!) in den Hintergrund, ohne daß daraus eine passive Hingabe resultiert, vielmehr ein aktives Folgen und Mitschwingen im kreativen Prozeß.

Zur Veranschaulichung des Prozesses können die fünf Abschnitte je einem Finger zugeordnet werden. Dabei symbolisieren sinnigerweise die einzelnen Finger die Thematik des Chaos.

Die Chaos-Thematik der fünf Phasen

Jede Phase hat eine ihr zugehörige Chaosform und ruft auch spezifische Ängste und Abwehrformen hervor. In der Chaosform wird die der jeweiligen Phase innewohnende tiefere Bedeutung manifest.

Zeigefingerphase: Auflösung

Die Zeigefingerphase versucht alles, was als Warnfinger in der eigenen Seele steckt, zu eruieren. Der Zeigefinger verkörpert das introjizierte moralische Gesetz, die Maxime des Handelns, die Färbung des Meinens, die Rahmenbedingungen der Entscheidung. Sie bilden zusammen den persönlichen Habitus, aus dem viel Selbstverständnis bezogen wird. Das Chaos dieser Phase entsteht durch das Auftauchen eingefrorener persönlicher Strukturen, ein schmerzhafter Prozeß, der starke Gegenreaktionen provoziert und alte Ängste aus der Zeit der Entstehung der Denk- und Gefühlsstrukturen reaktiviert.

Mittelfingerphase: Überflutung

In der Mittelfingerphase herrscht das vor, worum sich die Kreativitätslehren immer schon bemühen: das Freiwerden von Äußerungshemmungen und das Loslassen von Gestautem, Zurückgehaltenem, von Zensuriertem, Paradoxem und Irrationalem. Ausbruch, Aufbruch, Ausdruck sind die methodischen Stichworte. Als Bild eignet sich der vom Hefeteig durchgärte aufgehende Brotlaib im Ofen oder der mit Zucker durchsetzte gärende Wein auf dem Weg zur Reife und zur Vollendung. Hier herrscht das Chaos in Form von Überflutung durch Phantasien und Emotionen, die Überschwemmungsängste hervorrufen können. Die Gefahr besteht im rein lustbetonten Ausagieren und im Ertrinken in einer nicht mehr zu bewältigenden Fülle.

Ringfingerphase: Verirrung

Die Ringfingerphase wird heute in der Regel zuwenig beachtet, sondern meist übersprungen, wodurch der Erneuerungsprozeß unbemerkt in eine Fortsetzung der Tradition einschwenkt und ohne kreativen Sprung bleibt. Diese Phase eröffnet den wichtigsten und größten Teil der geistig-emotionalen Auseinandersetzung im Übergang zu Neuem, er ist ein langer Formungs- und Gestaltungsprozeß, der zur letzten Hürde hinführt. Kennzeichen dieser Phase ist das Hin- und Herschwanken zwischen Chaos und Ordnung, beziehungsweise das mehrmalige Ordnen und Umordnen, das Auftauen und Wiedereinfrieren gefundener neuer Wege. Das Chaoserlebnis in dieser Phase heißt Verirrung. Die Gefahr besteht, daß im Dschungel Holzwege gewählt, die Richtung verloren und die Durchforstung verzweifelt beendet wird. Ausdauer und Vertrauen müssen hier helfen.

Kleinfingerphase: Verklemmung

Der kleine Finger wird gerne als Sinnbild des Geheimnisträgers aufgefaßt, des intuitiven »kleinen Professors«, der listig und findig den kritischen Punkt ermittelt und in einem plötzlich aufsteigenden Aha-Erlebnis Klärung erfährt. Es braucht Inkubationszeit und ein starkes Vertrauen in unbewußte Kräfte, damit der Schlüssel zu dem hier anstehenden Grund-Konflikt, der meistens existenzielle Ängste hervorruft, gefunden wird. Die Form des Chaos entspricht dem Zustand einer Verklemmung zwischen zwei unauflöslichen Gegensätzen. Die Antinomie läßt die Bevorzugung einer der beiden Seiten nicht zu, so daß eine Ambivalenz den Suchprozeß blockiert und der Suchende »weder ein noch aus« weiß.

Daumenphase: Verunmöglichung

Ist die Neuerung aus dem Chaos aufgestiegen und dank Evidenz als Lösung zum Kernproblem zu erkennen, bedarf sie der Realisierung im Anwendungsfeld. Dazu muß die Neuerung griffig, d.h. handfest wie die zupackende Hand sein, die nur dank des Daumens als Opponent Griffcharakter erhält. Die

Neuerung braucht Schliff, damit sie ankommt. Sie muß einer ethischen und ästhetischen Prozedur unterworfen und so verfeinert werden, daß sie sich leicht in den Kontext, wo sie hinkommt, einfügt. Aus diesem Grunde ist sie auch mit einer verständlichen Etikette zu versehen und mit Werbung auszustatten, welche auf einprägsame Weise Vor- und Nachteile verdeutlicht. Das Chaos entsteht hier durch eine widerspenstige Umwelt, welche die Realisierung verunmöglicht.

Die fünf Chaosformen erfordern unterschiedliche Bewältigungsstrategien. Verschiedene Ich-Instanzen sind dabei beteiligt und unterschiedliche Anforderungen werden gestellt.

Die fünf Anforderungen an die Chaos-Bewältigung

Anforderung der ersten Aufgabe: Ablaktivität (Entwöhnung)

Die Fähigkeit der Entwöhnung hat der Mensch zum ersten Mal an der Mutterbrust geübt. Ähnlich schwierig ist die Abnabelung von Muß- und Sollvorstellungen, die wir in unserem Eltern-Ich-Speicher aufbewahrt haben und die uns als Leitlinien für das ganze Leben dienen. Die Wegweiser und Bannbotschaften des Elternhaus-Skriptes, aber auch des Kultur- und Unternehmesskripts, aufzulösen ist praktisch unmöglich. Man kann sie aber teilweise durch Bewußtmachung kontrollieren und so ihren Einfluß regulieren. Entwöhnungsfähigkeit tritt meist im Verein mit Flexibilität, Umstrukturierungsfähigkeit und Ablösefähigkeit auf, wird aber von der Intelligenz und der denkerischen Beweglichkeit nur gering beeinflußt, da die Bindungen emotional besetzt sind.

Anforderung der zweiten Aufgabe: Spontaneität

Als Kind äußerten wir frei und unbeschwert unsere Gedanken und Wünsche. Diese kindliche Fähigkeit zur Spontaneität bleibt im freien Kind-Ich erhalten. Meist ist sie jedoch blockiert und verschüttet und kein Befehl oder Zwang bringt die Spontaneität zum Leben (»Sei spontan!« ist ein widersprüchlicher Auftrag). Sie muß mit Versuch und Irrtum experimentierend in Schwung gebracht und durch viel Übung gestärkt werden.

Anforderung der dritten Aufgabe: Kreativität

Erneuerungen entstehen in den allermeisten Fällen aus Engpässen, Störungen, Mängeln und Unbehagen. Die Neuerung beseitigt das im Problem enthaltene Hindernis jedoch nur, sofern die Lösung wirklich das echte und eigentliche Problem trifft. In einem Tiefgang durch mehrere Problemschichten hindurch ist nach dem *Wurzel*problem zu suchen. Am besten eignet sich für diese Suchaktion das Erwachsenen-Ich, indem es Informationen sammelt, sichtet, integriert und Schein-, resp. Symptomprobleme erkennt und ausscheidet. Gefordert wird hier Engagement, Kraft und Ausdauer. Ein schneller Wurf entpuppt sich oft als Scheinlösung.

Anforderung der vierten Aufgabe: Identität

Der Gärprozeß der dritten Phase bringt viel unbewußtes Material ans Licht, das in der vierten Phase verarbeitet wird. Dabei sieht sich der Suchende oft vor entscheidenden Weggabelungen, die ihm fundamentale Entscheidungen abfordern. Sie rühren existentiell an sein Sosein und aktualisieren alte Konflikte. Darunter befindet sich immer einer, der den Schlüssel zur kreativen Entwicklung liefert und dessen Lösung die Person erneuert, so daß das gegenwärtige »Ich« durch ein neues transzendiert wird. Der Brückenschlag zwischen den Konfliktpolen vollzieht sich auf einer Meta-Ebene zum Problem. Dabei wird der Problemträger in seiner Mitte getroffen. Er findet sich nach der Erneuerung in neuer Identität vor. Echtheit und Mut zur Selbstentwicklung sind hier gefordert, eine Leistung die von keiner Persönlichkeitsinstanz allein erbracht werden kann, sondern das gemeinsame Wirken aller Instanzen (Eltern-Ich, Kind-Ich, Erwachsenen-Ich) voraussetzt.

Anforderung der fünften Aufgabe: Flexibilität

Die Implementierung der Neuerung ins Umfeld benötigt die Eltern-Ich-Instanz mit dem Kultur- evtl. dem Unternehmensskript. Dieses stellt die Bedingungen, unter denen die Neuerung Eingang findet. Denn nur wenn die Neuerung auf der Tradition aufbaut, hat sie Chance, sich durchzusetzen. Die

Anpassungsbereitschaft sollte jedoch nur soweit gehen, als die Neuerung so erhalten wird, daß sie eine Veränderung herbeiführt. Die rationale Kontrolle, die logischen Funktionen dürfen hier wieder zum Zug kommen.
Strukturen und Systeme helfen das Neue transparent und verständlich zu machen.

Test zur Selbstprüfung

Selbstverständlich ersetzt die Selbstprüfung die Selbsterfahrung nicht. Im Grunde können die fünf Phasen kreativer Entwicklung nur in der Praxis getestet werden. Die nachfolgenden Prüfungsfragen erfassen denn auch nur die theoretische Chaosbereitschaft. Schätzen Sie Ihre Fähigkeit, sich in den einzelnen Phasen zu bewegen, nach folgender Skala ein:

1 fällt mir leicht
2 fällt mir nicht ganz so leicht
3 macht mir einige Mühe
4 fällt mir eigentlich schwer
5 kann ich praktisch nicht

A) Chaosaufgaben

☐ 1 innere Muß- und Sollvorstellungen relativieren durch Lockerung fester Denkgewohnheiten und Denkstrukturen

☐ 2 Spontaneität freisetzen durch Ausdrücken freier Assoziationen, auch mit nichtverbalen Mitteln

☐ 3 Kernproblem suchen mittels geistigem Durcharbeiten des anfallenden Materials und durch Gärenlassen des kreativen Prozesses

☐ 4 Grundkonflikte lösen, d. h. »Skelett aus dem Schrank« holen und sich stellende schwierige persönliche Probleme bearbeiten

☐ 5 Neuerung in die Praxis umsetzen durch Übersetzung und Anpassung an die Gegebenheiten der Umwelt

B) Chaosform

☐ 1 Auflösung von bestehenden geistigen »Gütern« und liebgewordenen Ideen

☐ 2 Überfluten lassen mit Phantasien und allem, was an Unsinnigem und Paradoxem auftaucht

☐ 3 Sich in die Irre führen lassen auf der Suche nach des »Pudels Kern«, Orientierung verlieren, neu gewinnen und wieder verlieren

☐ 4 Eingeklemmt sein zwischen zwei unlösbaren Gegensätzen, die sich ausschließen und gleichzeitig nicht realisiert werden können, Hin- und Hergerissenwerden zwischen Skylla und Charybdis

☐ 5 Echolosigkeit der Umwelt, Isolation und Gefangensein im Elfenbeinturm der Neuerung, Unmöglichkeit zur Realisierung und Verbreitung

C) Anforderung zur Bewältigung des Chaos

☐ 1 Ablösung und Abgewöhnung wie bei der Entwöhnung eines Säuglings

☐ 2 Zulassen und übermannt werden von Spontanregungen, die nicht mehr kontrollierbar sind

☐ 3 Elastizität und Ausdauer in der Verfolgung eines unbekannten Zieles mit Hilfe von allen zur Verfügung stehenden Mitteln

☐ 4 Ertragen von Gegensätzen, von Unlösbarkeit und von Ambitendenz, ohne sich zu verkrampfen (Ambiguitätstoleranz)

☐ 5 geschmeidige Anpassung an die Anforderungen der Umwelt, ohne zur Windfahne zu werden

Auswertung:

Übertragen Sie die eingesetzten Werte in die folgende Tabelle und bilden Sie waagrecht und senkrecht die Summe.

Tests \ Phasen	1	2	3	4	5	Total
a) Chaosaufgaben						
b) Chaosform						
c) Anforderungen						
Gesamt Total						

Übertragen auf Seite 189

Phase

Zeigefinger 1	Mittelfinger 2
Selbsteinschätzung *(Rangfolge gemäß Test):*	
1 Muß und Soll relativieren durch Auftauen	Spontaneität freisetzen durch gefühlsmäßiges Spuren
2 Auflösung	Überflutung
3 Opposition	Ausflippen
4 Ablaktivität (Entwöhnung)	Spontaneität (Äußerungsfähigkeit)
5 kritisches Eltern-Ich	freies Kind-Ich
6 Transaktions- analyse, rational-emotive Therapie	Kreativitäts- Training, Encounter- Bewegung
7 Jupiter	Uranus

Bringen Sie die Totale in die richtige Reihenfolge. Tritt eine der 5 Phasen besonders stark hervor (hohe Punktzahl), macht sie Ihnen speziell Mühe. Lesen Sie die zugehörige These (Die 5 Dimensionen des Chaos in Thesenform, im Anschluß an folgende Tabelle) und prüfen Sie, in welcher Hinsicht die von Ihnen am meisten abgelehnte Chaosphase besonders abstoßend ist! Suchen Sie nach Begründungen im Elternhaus-, Unternehmens- und Kulturskript!
Die anschließende Tabelle dient einem Quervergleich der Phasen.

Ringfinger 3	Kleinfinger 4	Daumen 5
Kern suchen durch Gärenlassen	Grundkonflikt lösen durch Fließenlassen	In die Praxis umsetzen durch Anpassen
Verirrung	Verklemmung	Verunmöglichung
Steckenbleiben	Aussteigen	Isolation
Kreativität (Beharrlichkeit im Suchen)	Identität (Echtheit)	Flexibilität (Beweglichkeit)
Erwachsenen-Ich	Integration aller Ichs	wohlwollend-prüfendes Eltern-Ich
Gruppendynamik, Organisations-entwicklung, Psycho-Therapie allg.	Focussing, Hypnotherapie, Meditation, Neuro-ling.-Programming	Management Planungstechnik, Arbeitstechnik, Marketing/ Werbung
Apoll/Sonne	Merkur	Venus

Legende:

erste Zeile:	Aufgabe
zweite und dritte Zeile:	Chaosform und Gefahr
vierte Zeile:	Anforderungen zur Bewältigung des Chaos
fünfte Zeile:	beanspruchte Ich-Instanz
sechste Zeile:	Angebote auf dem Psycho-Markt
siebte Zeile:	entsprechendes chirologisches und astrologisches Bedeutungsfeld

Die fünf Dimensionen des Chaos in Thesenform

These 1:
»Lernen ist besser als sich auf Gelerntes abstützen. Heilige Kühe leben lassen, aber entweihen! Statt ideologisieren: relativieren!«

Bei »Lernprozessen« tendieren wir dazu, die neue Erfahrung in die alte zu integrieren. Nichtpassendes lehnen wir ab. Ein echter Lern- und Kreations-Ansatz wäre, die alte Struktur aufzubrechen und dann die Teile neu zusammenzusetzen – sie als Ganzes neu entstehen zu lassen.
Fixierungen auf Gewohntes, Gelerntes, auf sogenannte Erfahrungen und Ideologien und Sperren, Ideenkiller. »Man soll . . .«, »Man muß . . .«, »Schon immer so gemacht . . .«-Formulierungen lassen auf eingeschliffenes Denken schließen. Gefragt ist aber freies Denken.

These 2:
»Das Zerdenken – sprich: Analysieren – führt in die Irre und produziert Pseudowahrheiten und Scheinwelten. Statt denken: gefühlsmäßig spüren!«

Also: nicht das Zer-Denken verfeinern, sondern Gefühl miteinbeziehen. »Denken« ist nur die Spitze eines gigantischen, hochkomplexen Bewußtseinsprozesses!
»Denken« ist primär »Sprache«. Wir ertrinken im Wortsalat, es wird zuviel geredet. Sprache vernebelt Probleme eher und führt von ihnen weg. Wir müssen andere Elemente als nur Sprache benützen: Die sprachliche Bewältigung eines Problems allein ist nicht das A und O. Es herrscht heute eine regelrechte Analysier-Sucht. Dabei würde es ausreichen, das Analysieren auf das zu beschränken, »was man haben muß«. Wer dabei die ganze eigene Persönlichkeit miteinbezieht, kommt zu gleich guten, oft sogar besseren Analyse-Resultaten.

These 3:
»Systematik und Struktur vernebeln den Kern, verwässern das Ursprüngliche und vermitteln eine Scheinsicherheit. Statt strukturieren: gären lassen!«

Ein möglicher Ausweg aus unserer System-Gläubigkeit: Ein Mittelding suchen zwischen Ordnung und Chaos. Ein fließendes, dynamisches Gleichgewicht zwischen den Gegensätzen
– Engagement und Distanz
– Anspannung und Entspannung
– Ordnung und Chaos
– Anklammern und Loslösen
Weg von der Innovations-Hektik!

These 4:
»Extrempositionen sind verführerisch und verleiten zu Kippmanö-
vern. Die Wirklichkeit fließt aber zwischen Schwarz und Weiß.
Statt festschreiben: fließen lassen!«

Extrempositionen haben ihren Ursprung im polaren Denken: wir tendieren zu stark dazu, Dinge mit Hilfe kritischer Vernunft zu negieren oder sie mit Positivismus für uns zu bestätigen. Diese Trennung, dieses Schablonisieren killt Kreativität.
Wir müssen wegkommen vom Bewerten und die Dinge dynamisch betrachten, die Extreme in einen permanenten, dynamischen, fließenden Kreisprozeß bringen. »Ying und Yang«, das Prinzip der dynamischen Einheit, bietet dazu ein Betrachtungsmodell.

These 5:
»Die Überanpassung der kreativen Leistung an die Forderungen
der Umwelt macht den kreativen Prozeß nutz- und sinnlos. Des-
halb darf der Kern der Neuerung keinem Macht- oder Prestigeein-
fluß geopfert werden. Statt abschleifen: mit Beharrung dran blei-
ben!«

Die hohe Kunst der Marketinginstrumente besteht in deren dosierter Anwendung. Eine kreative Entwicklung muß zwar systematisch diffundiert und propagiert werden. Oftmals wird dabei der Gehalt verfälscht und die Neuerung wird zu einem kurzlebigen Modetrend.
Neuerungen einführen bedeutet, die Adressaten aufschrecken, sie in den Entwicklungsprozeß einbeziehen und den kreativen Prozeß nachvollziehen lassen.

9. Die Antreiber des Chaos

Es ist leicht, Chaoskiller zu bezeichnen, etwas schwieriger den Chaosprozeß zu beschreiben, aber schier unlösbar Anweisungen zu geben, wie man es schafft, sich auf das Chaos einzulassen. Wie soll man etwas verschreiben, was tabuisiert ist? Wie soll man etwas herstellen, das nicht durch Anstrengung und guten Willen, sondern nur durch viel Übung und dann noch ungewiß zustande kommt?

Die Rezepte, die nun fällig sind, wollen keinen Rückfall in die Struktur- und Machbarkeitsgläubigkeit erzeugen. Sie sind deshalb auch nicht wie Regeln zu behandeln, die wir im Alltag dauernd zu befolgen haben. Sie haben ein einziges Ziel: zum Handeln anzutreiben (deshalb Antreiber), das heißt statt über das Chaos zu reflektieren, mit dem Chaos zu experimentieren. In diesem Sinne gilt, was für Regeln im Chaosprozeß ganz allgemein zutrifft:

- Nehmen Sie die Regeln nicht zu ernst!
- Erfüllen Sie die Bedingungen nicht perfekt, sondern nur ungefähr! Je genauer Sie vorgehen, desto mehr werden die wesentlichen Dinge ausgeklammert!
- Entwickeln Sie bedenkenlos Zweifel an der Methode! Leise Zweifel beflügeln das Experiment!
- Wenden Sie die Verfahren spielerisch an und achten Sie nicht auf Erfolg!
- Fassen Sie die Anleitungen nicht als Handlungsanweisungen auf, sondern als strategische Hinweise! Eine Strategie erlaubt immer eine vorübergehende Abweichung von der eingeschlagenen Linie!
- Der Weg ist wichtiger als das Ziel! Lange unterwegs sein vermittelt die neue Erfahrung, nicht das rasche Erreichen eines Resultates!
- Wenn Sie die Widersprüche der Regeln stören, lassen Sie auch das zu! Die Regeln sind tatsächlich widersprüchlich.

Damit sind Sie gewappnet für die Türöffner ins Chaos. Sie sind, wie zu erwarten war, denkbar einfach zu benennen, aber gewaltig schwierig zu praktizieren. Sie kreisen alle um eine Fähigkeit, die in unserer Kultur jahrhundertelang gelitten hat: *die sinnliche Wahrnehmung.*

Auf eine einfache Formel gebracht, sind vier Qualitäten neu zu entdecken:

1. hinsehen und hinhören
2. dem Gehörten und Gesehenen vertrauen
3. sich mit dem Gehörten und Gesehenen konfrontieren
4. dem unscheinbar Kleinen und Unwichtigen folgen

1. Hinsehen und Hinhören

Hinsehen und Hinhören ist mehr als Sehen und Hören. Im Normalfall nehmen wir nur einen kleinen Ausschnitt des Dargebotenen wahr. Pädagogen wissen, daß nur etwa 20 Prozent dessen aufgenommen wird, was ein Lehrer an Informationen anbietet.

Auch wenn wir uns mit voller Konzentration einer Sache zuwenden, bleibt die Wahrnehmung auf den ersten Blick stückhaft, denn nach mehrmaligem Hinsehen und Hinhören entdecken wir neue Einzelheiten, neue Dimensionen, neue Aspekte. Je mehr Zeit zwischen den Wahrnehmungen verstreicht, desto mehr wandelt sich das Bild. Hinhören und Hinsehen bedeutet zunächst also *mehrmaliges* Aufnehmen.

In zweiter Linie sind beim aufmerksamen Hinhören und Hinsehen alle Sinne beteiligt. Dies ist keineswegs selbstverständlich, weil jeder Mensch zunächst in seinem Repräsentationssystem wahrnimmt (siehe Kapitel 2). Es muß also bewußt die *nicht benutzten Kanäle* (optisch, akustisch, kinästhetisch) zuschalten.

In einem dritten Anlauf ist die Wahrnehmungsoptik bewußt zu verändern, so daß ein neues Bild entsteht. Dazu ist die Wahrnehmungsgegebenheit experimentell zu vergrößern, zu verkleinern, zu verdichten, auszuweiten, auf möglichst viele Arten auseinanderzunehmen und wieder zusammenzusetzen. Das *Spielen* mit dem Wahrnehmungsobjekt bewirkt einen Standpunktwechsel. Der neue Focus bringt neue Aspekte zum Vorschein.

Auf der nächsten Stufe werden die feineren »Sinne« einge-setzt, das heißt, jenes Wahrnehmungsvermögen, das *zwischen* die Dinge schaut und das »Gras wachsen hört«. Auf diese Wei-se scheint das zunächst Ungehörte, Ungesehene auf. Es ent-hüllt sich die *Hinterseite* des Dargebotenen.

Dabei muß in Kauf genommen werden, daß letztlich zwischen innen und außen nicht mehr unterschieden werden kann. Denn sinnliche Wahrnehmung vermischt sich mit intuitivem, gefühlsmäßigem Erfassen. Die Aufmerksamkeit muß dazu auf die Anmutung, den *Nachhall*, auf die »Obertöne« des Bildes oder Klanges gerichtet werden. Das Gehörte und Gesehene ist gleichsam innerlich nachhallen zu lassen.

Schließlich wird Wahrnehmen besonders vielfältig durch das Einschieben einer »*Verdauungsphase*«. Viele Eindrücke stellen sich erst nach einer gewissen Zeit ein, weil die Tiefen der Seele erst später reagieren und das Unbewußte oft erst nach Tagen sein Wahrnehmungsergebnis mitteilt.

2. Der Wahrnehmung vertrauen

Auf der ersten Stufe der Vertrauensbildung wird *akzeptiert, was sich anbietet.* Der Wahrnehmung wird vertraut und Realitäts-gehalt zugeschrieben. Die philosophische Frage, ob wirklich ist, was wahrgenommen wird, stellt sich nicht, denn die Akzep-tation bezieht sich nur auf die subjektiv empfundene Präsenz des Phänomens. Die Präsenz ist dann evident, wenn sie von anderen nicht in gleicher Weise bestätigt wird.

Die zweite Stufe der Vertrauensbildung bezieht sich auf die Akzeptation des Soseins. Das wahrgenommene Phänomen wird so *belassen, wie es sich darbietet*, wobei die Bemühung um »Objektivität« darin mündet, daß sich die Aufmerksamkeit ganz auf die Aussage des Phänomens verlegt und nicht auf des-sen Interpretation oder Einordnung. Verstand und Vernunft dürfen noch nicht ans Werk gehen, vielmehr sind alle Beurtei-lungsinstanzen noch zurückzuhalten, damit das Phänomen in seiner Eigenart sichtbar wird.

Die dritte Stufe akzeptiert den *Wandel* der Wahrnehmung. Das Sosein des Wahrgenommenen bleibt, wie oben erwähnt, nicht erhalten, sondern verändert sich mit mehrmaligem Zusehen und Zuhören. Auch diese Fülle darf nicht beschnitten oder strukturiert werden, sondern ist in ihrer Ganzheit aufzunehmen und mit allen Widersprüchen und Unvereinbarkeiten zu akzeptieren.

Auf der vierten Stufe wird das, was fehlt, als *Potential* akzeptiert, auch wenn es sinnlich nicht wahrnehmbar wird. Es ist stets davon auszugehen, daß sich der Wahrnehmungsgegenstand nie vollends enthüllt und einem beträchtlichen Teil der Wahrnehmung entzogen bleibt. Dieses Manko ist als solches zu akzeptieren und damit offen zu lassen, daß sich jede Wahrnehmungsgegebenheit unendlich wandeln kann.

3. Sich der Wahrnehmung stellen

Wahrnehmung ist eine Kunst, denn im Alltag nehmen wir nicht so offen akzeptierend wahr, wie hier gefordert ist. Erst recht wird die Wahrnehmung zum Akrobatikakt, wenn der Wahrnehmende nicht nur auf das Wahrgenommene zugehen und es annehmen, sondern im gleichen Atemzug sich auch noch mit dem Wahrgenommenen konfrontieren soll.

Diese Widersprüchlichkeit löst sich auf, wenn man bedenkt, daß wir entsprechend unseren Bedürfnissen selektiv wahrnehmen. Wir hören und sehen, was wir wollen, das Unerwünschte, Unangenehme blenden wir aus. Um dieses geht es aber in der konfrontierenden Wahrnehmung. Dazu ist das Lustprinzip aus der Wahrnehmungsaktivität auszuschalten und das Unakzeptable ist ebenso gleichwertig zuzulassen wie das Akzeptable. Da die Ausblendung des Unangenehmen häufig unbewußt und reflexartig vor sich geht, benötigt man viel Übung in der gleichzeitigen Erfassung der Licht- und Schattenseiten aller Phänomene.

Damit man sich vorbehaltlos dem Häßlichen und Unangenehmen stellt, muß es Sinn erhalten. Sinn entsteht nicht von selbst, sondern wird gefunden oder verliehen. Wenn der Zusammenhang und der Gewinn des Unangenehmen nicht einsichtig ist, fällt die Sinngebung besonders schwer. Sie muß aus Annahmen und Hoffnungen bezogen werden, an die nur geglaubt werden kann. Die hier zugrunde liegende Hoffnung stützt sich auf die Erfahrung, daß Schattenseiten eines Phänomenes auch entwicklungsfördernd sein können und daß die volle Erfassung der Realität die Wahrnehmung der Licht *und* Schattenseiten voraussetzt.

Der Mensch hat sich auch eine simple Technik zugelegt, Unangenehmem aus dem Weg zu gehen. Dieser Mechanismus beruht auf einem fatalen Irrtum. Das Unangenehme der Wahrnehmung wird nämlich als etwas erlebt, das außerhalb der eigenen Person dem Gegenstand oder der Person anhaftet. In Wirklichkeit sitzt aber das Gefühl in der Person des Wahrnehmenden selbst. Sie setzt die Licht- und Schattenseiten in der Wahrnehmung und nicht die Außenwelt, denn Gefühlshaftes ist nicht etwas, das von außen an den Menschen herantritt, sondern etwas, das er selber produziert.

Eine Möglichkeit, dieses Produkt nicht wahrnehmen zu müssen, besteht darin, es einem Außenobjekt zuzuschreiben und dieses für das Gefühl verantwortlich zu machen, das aber allein der Wahrnehmende produziert, jedoch nicht beachtet und auf den anderen projiziert. Dieser Vorgang spielt sich allerdings meistens unfreiwillig ab und ist nur durch ein intensives Training der Selbstwahrnehmung zu beheben.

Zur Konfrontation mit der Wahrnehmung gehört also die Akzeptation dessen, was die Außenwelt an Gefühlen auslöst und die Übernahme dieser Gefühlsregungen in die eigene Verantwortlichkeit. Dazu muß man sich diese Gefühle »anziehen«, d. h. man muß sie aufkommen und erblühen lassen, damit sie wahrnehmungsreif werden. Gerade die negativen Gefühle haben aber die Tendenz, sich zu verstecken und ihr Unwesen im Untergrund zu treiben. Ihr Wirken ist aber in der Unterdrückung viel gefährlicher als in der bewußten Wahrnehmung.

Dieser Satz ist vor allem an die Adresse der Anhänger des positiven Denkens zu richten, die darauf gedrillt sind, Negatives beiseite zu schieben. Sie befürchten eine Ansteckungsgefahr für die guten Gefühle und eine Einfärbung des Denkens durch die negativen Gefühle, die dann auch entsprechende negative Handlungen auslösen. Positive Denker sind klassische Chaosvermeider und in der Regel schlechte Erneuerer. Chaosfähig ist nur der, welcher sich allem aussetzt, was auf ihn zukommt.

4. Dem Unscheinbaren folgen

Diese Antreiber-Funktion ist für Linksdenker schwer nachvollziehbar und wird deshalb Kopfschütteln ernten. Denn sie widerspricht allen gelernten Prinzipien des alltäglichen Lebens, wo uns eingeschärft wird, das Wichtige vorzuziehen, Prioritäten zu setzen, der öffentlichen Meinung zu folgen, sich der Mehrheit anzuschließen usf.

Der Kern der Wahrheiten, das wahre Geheimnis zeigt sich jedoch nie mit plakativen Aushängeschildern, mit großem Rausch und Schall und in leuchtender Glanzfolie. Das Gültige steckt meist in den kleinen Dingen, in den nebensächlichen Fakten, im Beiläufigen und Unscheinbaren.

Hierher gehört auch die Beobachtung, daß nur geringe Veränderungen bereits ein gewaltiges Chaos verursachen können. Unscheinbare Aktionen und Reaktionen können plötzlich in einem Umfeld wichtig werden und unverhältnismäßige Änderungen auslösen. Diese feinen Bewegungen gilt es zu entdecken und zu verfolgen.

In Entwicklungen sind es die sensiblen Punkte, die, wenn sie berührt werden, einen multiplen Effekt hervorrufen, etwa so, wie wenn ein Nerv angesprochen wird, der ein ganzes System in Bewegung setzt. (Gleiches Phänomen wie bei der Akupunktur, Akupressur, Bioenergetik und ähnlichen Verfahren.) Diese Energiepunkte sind nicht nur im Organischen, sondern auch im Psychischen zu finden, unter anderem auch in Soziosystemen. Werden sie angesprochen, setzen sie starke Reaktionen und Fluktuationen in Gang, die sich rasch zu einer Revolution eskalieren und damit stark chaosfördernd sind.

Es genügt nicht, diese Unscheinbarkeiten zu sehen. Um sie beeinflussen zu können, muß man ihnen ein Stück weit *folgen*. Dem Unscheinbaren folgen ist mehr als Wahrnehmen und Akzeptieren. Folgen meint ein Aufgreifen und Begleiten in der Weise, daß begangen wird, was die Entwicklung des »Energiepunktes« als Weg anbietet. Folgen erfordert keine denkerische

Leistung, sondern gleicht eher einem gefühlsmäßigen Spuren. Damit überhaupt gefolgt werden kann, muß dem Unscheinbaren ein Prozeß zugestanden werden, den ohnehin jede Entwicklungsgröße besitzt.

Das Erkennen der unscheinbaren Stelle, wo eine Revolution in der Evolution angestoßen wird, setzt voraus, daß der Entwicklungsvorgang mit schwebender und freier Aufmerksamkeit verfolgt wird. Dazu muß er in seiner Vorgegenwart verstanden und erfaßt worden sein, muß in der Gegenwart begleitet und in seiner zukünftigen Bewegung erahnt werden. Die Evolution ist also auf ihre Dynamik, auf ihren Rhythmus abzuhören und in ihrer Gangstruktur zu verstehen. Erst dann ist ein Folgen möglich.

Unter diesen Voraussetzungen kann aus der Gefolgschaft ein aktiveres Begleiten hervorgehen, in dem die Prozeß-Bewegung in der eingeschlagenen Richtung leicht angekickt wird, so daß sich der Gang der Entwicklung beschleunigt. Wird dabei gleichzeitig der Energiepunkt getroffen, verstärkt sich die Dynamik erheblich und ein Gestaltwandel bahnt sich an, der den kreativen Sprung in einen neuen Zustand vorbereitet. Um diese subtile Anstachelungsmanipulation im richtigen Zeitpunkt und am richtigen Ort anzusetzen, braucht es die sensible Antenne des »kleinen Professors«, jener Instanz des rechtsseitigen Denkens, die ganzheitlich-intuitiv erfaßt.

Die Historiker bemühen sich im Nachhinein die Stelle, welche das Erneuerungschaos auslöste, manifest zu machen, um daraus für die Zukunft zu lernen. Es zeigt sich jedoch, daß jedesmal andere Bedingungen herrschen, welche ein Lernen verunmöglichen. Hingegen ist der Verlauf des Veränderungsprozesses vom Ansprechen unscheinbarer Energiepunkte über eine Zunahme der Turbulenz bis zur Erneuerung der Struktur immer derselbe (58).

Die Verhaltensregeln für das Chaosabenteuer sind auf einen einfachen Nenner zu bringen: Alle Sinne verfeinern und aktiv einsetzen, um dadurch *wacher wahrzunehmen.* Dieser Grundsatz ist so einfach, daß er in der Regel als lapidar verworfen wird. Versucht man ihn konsequent zu realisieren, kommt so viel in Bewegung, daß derjenige, der sich darin übt, selbst verblüfft ist. Wer allerdings nur versuchsweise seine Sinne schärft und sich nur vorübergehend von der Zensur befreit, wird nicht in das Chaos einsteigen. Ohne geduldiges Üben lösen sich die verfestigten Wahrnehmungsraster nicht auf, auch nicht in Ansätzen.

Dieses Prinzip der Erweiterung der Wahrnehmung ist nicht neu und hat die Menschheit immer beschäftigt. Es ist jedoch von der humanistischen Psychologie, einem Menschverständnis der letzten Jahrzehnte, das aus Amerika kommt, neu entdeckt und zur Methode erhoben worden. Awareness (Wachheit) nennt der Amerikaner die Grundhaltung. Helle und schwebende Aufmerksamkeit sich und der Welt gegenüber, würde der Deutsche übersetzen.

Es ist kaum zufällig, daß erst unsere Epoche diese Regel ernst nimmt. Offenbar wird damit auf die zunehmende Komplexität der Welt, die Auflösung fester Wertvorstellungen geantwortet. Die Erkenntnistheorie hat dafür auch vorgearbeitet, indem sie die Existenz vieler subjektiver Sichtweisen anerkannte und das Recht auf Wahrheit nicht nur der objektivierenden, mathematisch messenden Wissenschaft zubilligte. Die Philosophiegeschichte jüngster Zeit (59) befaßt sich denn auch mit der Freiheit des Individuums, unter den vielen möglichen Wahrheiten jene zu wählen, die dem menschlichen Individuum gemäß ist. Dafür zahlt das Individuum allerdings den Preis der Unsicherheit, der Qual der Wahl vis à vis vieler Möglichkeiten relativierter Werte.

Die intensivierte Wahrnehmung bezweckt dieses Angebot an Möglichkeiten breit auszufächern, letztlich im Bestreben, noch mehr zu erkennen, die Welt noch tiefer zu erfassen. Wer seine Sinne öffnet und bereit ist, sich überraschen zu lassen, dem bietet sich eine immer neue Welt an, die sich ebenso wandelt wie er selbst. Welt enthüllt sich ihm wie eine Zwiebel, Schale um Schale. Als Suchender dringt er in immer tiefere Schichten der Wahrheit vor.

Das Ergebnis einer sensibilisierten Wahrnehmung mag zwiespältig sein: Zunahme des Reichtums, der Fülle und der Tiefe der Welt, aber auch Zunahme der Differenziertheit und Vielschichtigkeit und damit auch der Verwirrung, der Verunsicherung und Haltlosigkeit. Dennoch ist dieser Gang unvermeidlich, denn die exponentielle Zunahme des Wissens in unseren Tagen ist eine Tatsache, der wir uns nicht entziehen können. Ebenso unwiderlegbar ist die Tatsache, daß mit zunehmendem Wissen das Bewußtsein darüber, daß wir vieles noch nicht wissen, wächst.

Die Gefahr, die der Menschheit in einem solchen Zustand lauert, ist offensichtlich und ernst zu nehmen. Das Bedürfnis nach Stabilität, nach festen, unverrückbaren Werten, nach absoluten Grundfesten wächst immens an. Festgefügte Wertsysteme haben deshalb heute einen hohen Marktwert und sind Zufluchtsort vieler Verunsicherter, welche die Komplexität und das Chaos schlecht ertragen. Nicht von ungefähr haben »Religionsstifter« wie Bhagwan, Ayatollah und andere solchen Zulauf. Nicht verwunderlich, wenn die Fundamentalisten der alten Religionen sowie die Konservativen, welche in der Politik alte Grundsätze zu neuen festen Richtwerten beleben, so Gehör finden.

Vor diesen Verführern ist zu warnen. Sie retten zwar vor dem Chaos, engen und verfestigen die Wahrnehmung aber so, daß die Realität verzerrt wird. Damit bremsen sie jede kreative Entwicklung.

Die gefährlichen, geistigen Führer wären aber auch nicht nötig, wenn sich der Mensch auf die Grundwerte selbst besinnen würde, ohne in Abhängigkeit von einengenden Weltanschauungen und damit in gefährliche Nähe des Faschismus zu geraten. Diese Grundwerte sind evident und halten seit eh und je die Welt zusammen. Sie können als inneren Halt im Chaos beansprucht werden, wenn sie wieder als nicht weiter reduzierbare Grundfesten (Axiome) in Erinnerung gerufen und zu einem festen Bestandteil des Selbstvertrauens gemacht werden. Sie sollen im nächsten Kapitel angesprochen werden.

Test zur Selbstprüfung

Zu den folgenden Aussagen sollten Sie so offen wie möglich Stellung nehmen. Überlegen Sie nicht zu lange, sondern antworten Sie spontan!
Aussagen, die Sie für Ihre Person zutreffend erachten, kennzeichnen Sie mit einem Pluszeichen (+)! Bitte vor den betreffenden Satz setzen! Aussagen, die Sie eher in Frage stellen und für Ihre Person nicht so zutreffend erachten, bezeichnen Sie mit einem Minuszeichen (−)! Sind Sie unsicher oder können Sie sich nicht entschließen, setzen Sie ein Minuszeichen (−)!

1. Ich denke, daß es viele unerklärbare Erscheinungen gibt.
2. Mich beschäftigt, was ein Mensch fühlt, ebenso stark wie das, was er denkt.
3. Ich nehme in Kauf, bloßgestellt zu werden.
4. Die wichtigen Dinge im Leben spielen sich auf Nebenschauplätzen ab.
5. Ich kann ohne schlechtes Gewissen die Hände in den Schoß legen und abwarten, bis etwas von selbst geschieht.
6. Wenn ich das Ziel aus den Augen verliere, bleibe ich gelassen und werde nicht hektisch.
7. Gedankenübertragungen und Poltergeister gibt es, und sie sind wissenschaftswürdig.
8. Ich stelle mich unangenehmen Gedanken und peinlichen Gefühlen und verscheuche sie nicht.
9. Ich beachte die Körpersprache so sorgfältig wie das, was einer sagt.
10. Wenn die Jugend aufbegehrt, hinterfrage ich ihr Verhalten.
11. Nicht alles ist in einer Organisation steuerbar, es bleibt ein großer Bereich unbeeinflußbar.
12. Wenn ich einen Vorgang nicht verstehe, melde ich keine Vorbehalte an.
13. Wenn sich die Verhältnisse ändern, überprüfe ich meine Überzeugungen und gebe sie allenfalls auf.
14. Ich höre »das Gras wachsen«.
15. Wenn mich plötzlich ein Gefühl überkommt, lasse ich es bedenkenlos zu.
16. Ich verfolge das Unscheinbare, auch wenn es im Moment nicht vielversprechend ist.

17. Ich bin mir jederzeit bewußt, daß ich nur die Hälfte der zwischenmenschlichen Kommunikation erfasse und handle danach.
18. Die verrückten Anliegen der Jungen faszinieren mich.
19. Ich verwende keine Zeit darauf, den Urheber eines Fehlers zu finden.
20. Ich halte mich offen für den Gedanken, daß die Naturwissenschaft nicht die ganze Wahrheit über die Natur aussagt.
21. Die Hintergründe bei gegensätzlichen Meinungen zwischen mir und einem Gesprächspartner interessieren mich immer.
22. Ich gehe bis an meine Grenzen, sobald sich eine Gelegenheit bietet.
23. Ich beachte Störungen in der Beziehung zu anderen Menschen und gehe ihnen nicht aus dem Weg.
24. Hat einer eine völlig andere Ideologie, kann ich gut damit leben.
25. Menschliche Vorgänge in Organisationen fesseln mich mehr als technologische Abläufe.
26. Ich jage allen möglichen Gedanken nach und träume auch am Tag gerne.
27. Es macht mir nichts aus, wenn ich nicht alles verstehe und erklärt erhalte.
28. Ich gehe dem Ursprung nach, wenn ich im Lebensnerv getroffen bin.
29. Ich setze mich ohne Schwierigkeiten Angriffen und Beleidigungen aus.
30. Generationskonflikten stelle ich mich gerne, weil sie mich jung halten.
31. Nichts geschieht ohne Grund auf dieser Welt. Zufälle haben ihren inneren verborgenen Sinn.
32. Ich kann mühelos warten, bis sich eine Sache zur Behandlungsreife entwickelt.
33. Wenn ich auf Unsinniges stoße, weckt dies meine Aufmerksamkeit und ich wende mich dem Eigenartigen zu.
34. Auch kleine Aha-Erlebnisse haben für mich große Bedeutung.
35. Ich kann Gegenmeinungen problemlos anhören, ohne sofort widersprechen zu müssen.
36. Auch wenn mich das Gebaren anderer ärgert, frage ich mich, was dahinter steht.
37. Entstehen Fehler, suche ich die Gründe in meinem Verhalten oder in der Konstellation der Situation und nicht bei anderen.

38. Kommt etwas Unangenehmes in Sicht, öffne ich bewußt die Augen.
39. Mich interessieren merkwürdige Naturerscheinungen.
40. Ich horche oft in mich hinein, was die innere Stimme sagt.
41. Ich nehme Veränderungen in der Beziehung zu anderen wahr und gehe ihnen nach.
42. Ich finde es spannend, mit Leuten zu diskutieren, die völlig anderer Meinung sind.
43. Wenn etwas schief läuft, begrüße ich dies als Chance zur Verbesserung.
44. Wenn sich morgens etwas, das mir lieb ist, unerwartet ändert, horche ich voller Neugierde auf.
45. Ich nehme Warnsignale der Natur sehr ernst.
46. Ich akzeptiere Widersprüchlichkeiten in mir, ohne mit mir zu rechten.
47. Ich kalkuliere Mißverständnisse und Fehlinterpretationen im Gespräch mit anderen laufend ein.
48. Was zwischen Menschen geschieht, ist in Organisationen so relevant wie Zahlen.
49. Neuen Ideen stelle ich mich, auch wenn sie absurd sind.
50. Auch wenn ich es besser weiß, muß ich andere nicht belehren.

= *Total* +
= *Total* −
Gesamt = 50

Auswertung des Fragebogens

Zählen Sie alle Fragen zusammen, die Sie mit einem − versehen haben! Es sind nur die abgelehnten Fragen für die Schlußauswertung relevant. Das Verhältnis der positiven und negativen Antworten gibt Ihnen einen Hinweis über das Verhältnis zwischen Chaosfreundlichkeit und Chaosfeindlichkeit. Überwiegen die positiven Antworten, sind Sie eher chaosfreundlich. Überwiegen die negativen, sind Sie eher chaosfeindlich. Liegt die Summe der negativen und positiven Antworten nahe bei 25 (Abweichungen bis 5 Antworten) halten sich beide Tendenzen die Waage. Je mehr positive Antworten Sie erhalten, desto risikofreudiger und offener werden Sie dem Chaos begegnen. Prüfen Sie anhand folgender Thesen, ob Sie wirklich chaosfreundlich sind!

Die vier Antreiber in Thesenform

These 1:
»Experimentiere auf dem Glatteis der Intuition und der Illumination! Laß Bilder, Töne, Bewegungen und Gerüche sprechen! Höre Dir selber zu!«

Der Weg führt nur über einen hochdifferenzierten Wahrnehmungsprozeß. Mit »mehrstufigem Denken« das Ganze selbst erfassen und damit spielen. Eine ganz bestimmte Art, sich selbst und anderen zuzuhören, intuitiv, ganzheitlich.

These 2:
»Die Lösung ist immer schon da. Suche sie mit schwebender Aufmerksamkeit, bis sie unerwartet aus einer verborgenen Schicht auftaucht! Vertraue Deinem eigenen Potential!«

»Die Lösung ist immer schon da«: Diese Auffassung entspricht dem sogenannten holistischen Weltbild und hat auch Entsprechungen in der Physik-Lehre (»Alles ist in jedem Teil schon vorhanden ...«) und in der Parapsychologie (Was immateriell da ist, kann sich materialisieren).

These 3:
»Eine sprunghafte Erneuerung braucht Druck. Jedes lebende System gerät in Engpässe. Nutze Probleme, Konflikte und Krisen als Entwicklungschancen! Setze Dich der Unsicherheit aus!«

Zu jeder Entwicklung gehört auch eine Phase der Instabilität. Auch Leidensdruck kann den Prozeß in Gang bringen. Dies setzt die Fähigkeit voraus, Probleme wahrnehmen und Konflikte austragen zu können.
Der Fehler, den wir machen: Wir werden in Krisen hektisch anstatt kreativ.

These 4:
»Neues baut auf Bestehendem auf. Hole das Neue beim Alten ab und revolutioniere Schritt für Schritt. Horche die Entwicklung auf ihre innere Dynamik ab!«

Echte Entwicklungen sind leise Evolutionen, aber beharrliche und wirksame. Entscheidend ist, die Stelle zu finden, wo durch feinen Druck viel in Bewegung kommt. Oft verstecken sich diese Stellen im Hintergrund.

Die Entwicklung ist konstruktiv, wenn sie die innere Dynamik aufgreift und fortsetzt, die bereits läuft. Dazu mit feiner Antenne die Eigenart des Ganges abhorchen.

10. DER INNERE HALT IM CHAOS

Chaos löst nicht alle Ordnungen auf, auch wenn zunächst die Verunsicherung durch Auftauen fester Strukturen diesen Eindruck erweckt. Wie im ersten Teil stets wieder sichtbar wurde, ist jedes Chaos eingebunden in eine höhere Ordnung, die im Chaoszustand allerdings nicht wahrgenommen werden kann (60).

Um so wichtiger ist das Wissen um die unsichtbaren Kräfte, die wirken. Auf diese Weise läßt sich die Unsicherheit des Chaos besser ertragen.

Vier generell gültige, nicht zufällige, sondern in der Weltgeschichte immer wieder vorzufindende »Halteseile« oder »Stützmauern« verleihen dem Chaos inneren Halt und damit eine höhere Ordnung, die nicht weiter reduzierbar und stets in der einen oder anderen Form vorhanden ist.

Die vier Grundfesten erscheinen nicht nur, wenn menschliches Chaos einbricht, sondern sind immer schon in jedem menschlich-sozialen Gebilde als tragende Kräfte vorhanden.

Sie haben die gleiche fundamentale Funktion wie beispielsweise in der Gegenstandswelt die Masse, Energie und Information oder wie beispielsweise für das Überleben von Lebewesen die Grundwerte Nahrung, Fortpflanzung und Sicherheit. Ihre Existenz hört nicht auf, wenn menschliche Ordnungen vorübergehend in Chaos geraten. Sie stellen im übertragenen Sinne den Kitt dar, der die Menschheit zusammenhält und das Zusammenleben menschenwürdig macht.

Sie sind deshalb fundamental sozialer Natur und können auch als Grundvariablen menschlichen Zusammenlebens bezeichnet werden.

Wie alle Grundwerte sind die vier Grundfesten des Chaos aus der persönlichen Erfahrung leicht nachzuvollziehen und einsichtig, aber schwierig rational sauber abzugrenzen.

1. *Zugehörigkeit:*
Das intuitive Wissen um *Zugehörigkeit*, Heimat, Geborgenheit, Aufgehobenheit oder primäre Liebe.

2. *Die Vision:*

Das energievermittelnde Bild um eine (wenn auch ferne) positive (glückliche) Zukunft; die innere *Zuversicht*, das intuitive Wissen um konstruktive Entwicklung.

3. *Der soziale Austausch:*

Das dynamische *Gleichgewicht im Geben und Nehmen* zwischen Menschen, Organisationen, Nationen, Völkern, aber auch zwischen Natur und Mensch, das fließende Gleichgewicht in der Interaktion, das sich in gesunden sozialen Gebilden immer wieder von selbst herstellt.

4. *Die Verankerung in der Ursprungsordnung:*

Die Verwurzelung in einem gültigen übergeordneten System (»Hierarchie«), das alle Turbulenz bündelt und das als *Ursprungsordnung* durch alles hindurch wirkt.

Obwohl die vier Grundwerte verschieden sind, bedingen sie sich gegenseitig und bilden als Ganzes die Grundlage aller sozialen Beziehungen innerhalb sozialer Institutionen. Sie haben im Leben des einzelnen ihren Stellenwert, müssen aber auch in sozialen Gebilden beachtet und gepflegt werden. Eine einseitige Bevorzugung bringt die soziale Dynamik zum Erliegen und treibt das soziale System der Auflösung entgegen, vor allem, wenn eine der Variablen zum vorherrschenden Dogma erklärt wird.

Um inneren Halt im Chaos zu gewinnen und damit auch den Mut, sich ins Chaos zu begeben, müssen die vier Phänomene als Wertträger erkannt und veranschaulicht werden, so daß sie als selbstverständliche Richtwerte der menschlichen Natur angenommen werden können. Dazu wird im folgenden ihr Bedeutungsfeld umrissen.

Zugehörigkeit

Die Literatur ist voll von Beispielen, die beweisen, daß Elternliebe (»Erste Liebe, letzte Liebe«) am stärksten bindet und das Leben des Menschen prägt (Primäre Liebe). Vieles, was noch als erwachsener Mensch entschieden und geleistet wird, geschieht den Eltern zuliebe. Viele Verhaltensmuster sind in der frühen Kindheit um den Preis der Elternliebe entwickelt worden und werden als Pfand dieser Liebe bis ins hohe Alter beibehalten (siehe Kapitel 4: Entstehung von Wertordnungen).

Die Psychologie beschäftigt sich seit ihren Anfängen mit dem eigenartigen Phänomen, daß ein Kind sich zu seinen Ungunsten bis zur Selbstzerstörung entwickeln kann, nur um die Elternliebe zu gewinnen und zu erhalten. Das Urbedürfnis des Kindes, zu lieben und geliebt zu werden, treibt es zu unmenschlichen Reaktionen, aber auch zu unglaublichen Leistungen. Das Grundbedürfnis, irgendwo dazu zu gehören, beachtet zu werden und sich Menschen zuzuwenden, bleibt als Stimulans im ganzen Leben aktuell.

Verlust der Eltern, der Heimat, Entwurzelung und Entfremdung schlagen die tiefsten bleibenden seelischen Wunden. Umgekehrt bildet eine echte Heimat einen fruchtbaren Boden für risikoreiche Abenteuer. Sie braucht unter Umständen nur symbolischen oder mentalen Charakter zu haben, um die Kraft der primären Liebe freizusetzen.

Im Leben mag es noch so turbulent zu und her gehen. Wenn der Mensch in einer Gemeinschaft aufgehoben ist und das Gefühl hat, darin integriert zu sein, kann er sich Chaos leisten. Er ist geschützt von einer Heimat, die inneren Halt gibt.

Auch alle anderen Folge-Institutionen des Elternhauses können Liebe binden: Die Schule, die Kirche, die Ehe, das Unternehmen, der Club, die Gemeinde, die Sippe usf. Der Mensch ist zu unerhörten Leistungen fähig, wenn er sich eine Zugehörigkeit »erkaufen« kann. Die Bereitschaft zur Energieinvestition wird praktisch grenzenlos, wenn echte Möglichkeiten zur Identifikation mit einer sozialen Einheit angeboten und das Erleben der Zugehörigkeit praktiziert wird. Deshalb sind die informellen Anlässe am Arbeitsplatz (Pausenkaffee, Betriebsausflug, Stammtisch, Jubiläen, Firmenabzeichen, Belohnungen usf.) so wichtig, die dem Mitarbeiter beweisen, daß er dazu gehört, daß er die Organisation »lieben« darf und von ihr gehalten wird.

Wo mit Chaos experimentiert wird, ist also für die Schaffung eines »Nests« zu sorgen, indem sich alle aufgehoben fühlen.

Eine zusammenarbeitende, offen kommunizierende Gruppe, in der sich die Mitglieder gegenseitig akzeptieren, kann eine solche Heimat bieten. Oft muß sich ein Team zuerst zu einer echten Gruppe heranbilden. Es muß ein Zusammengehörigkeitsklima entwickeln, bevor ein Neuerungsprozeß in Gang gebracht werden kann, eine unerläßliche Vorarbeit, die häufig in Unterschätzung der Chaosgefahr herabgespielt wird.

Auch eine Organisation kann durch die Pflege einer Unternehmenskultur so etwas wie eine »Heimat« schaffen, die emotionale Nahrung liefert. Im Grunde genügt, ein »Auffangbecken« einzurichten, für die häufig unterschätzte Liebe, die dem Produkt, dem Team und dem Unternehmen von selbst entgegengebracht wird. Als Gegenleistung müßte das Unternehmen immer wieder tatkräftig beweisen, daß es die »sekundäre Liebe« zum Unternehmen als Potential nutzt und zum Mitarbeiter in guten und schlechten Zeiten steht und ihm am Wechsel von Erfolg und Mißerfolg voll teilhaben läßt. Derartige Kultur-Einrichtungen gehen über die sozialen Einrichtungen (»Sozialleistungen«) und über informelle Anlässe zur Klimaverbesserung (»Stimmungsmacher«) hinaus und sollten einen festen Platz in der Tradition des Unternehmens finden.

Vision

Ohne Ziel irrt der Mensch im Dunkel. Im Chaos herrscht Dunkelheit und Ziellosigkeit. Anstelle eines konkreten Zieles, das sich mit dem Chaos-Prinzip nicht verträgt, tritt die Vision, ein unfertiges und unklares Bild einer ferneren Zukunft. Da es mit Hoffnung erfüllt ist, vermittelt es trotz seiner Unbestimmtheit Sicherheit.

Hoffnung ist kein Gefühl, sondern eine Grundhaltung vor einer ungewissen Zukunft. Über das Bestehende ins Ungewisse hinauszustreben, also Hoffnung zu entfalten, ist etwas spezifisch Menschliches. Ohne Streben über sich hinaus ins chaotisch Ungewisse wird das Leben öde und fad. Über sich hinaus zu wachsen, besitzt der Mensch als angeborene Fähigkeit. Sie ist für den Einstieg ins Chaos zu nutzen. Die Vision ist nicht das Ergebnis von Scharfsinn und eifrigem Studium. Sie wird eingegeben und kommt aus unbewußten Schichten. Im Mittelalter pflegten Heilige Erscheinungen zu haben, die ihnen das Lebensziel in Auftrag gaben. In ähnlicher Weise kann der moderne Mensch Stimmen in sich hören und wegweisende Bilder sehen. Aber wir wissen aufgeklärt, daß es Meldungen des Unbewußten sind und verweisen sie gerne als zweitklassig in den Bereich des Tagträumens und Phantasierens.

In der Tat sind Visionen im Reich der Träume richtig plaziert. In der Vision wird das innere Ziel der Selbstwerdung bewußt. Es meldet sich eine ursprüngliche Energie, die eine klare inhaltliche Ausrichtung gewinnt, wenn sie sich visualisiert. Je tiefer die Schicht, aus der das Bild stammt, desto allgemeiner und kollektiver gilt es (kollektives Unbewußtes und Selbsttranszendenz (61). Die Vision funktioniert in übertragenem Sinne wie ein Autopilot, der das Flugzeug immer wieder auf seine Fahrstraße zurückweist. Das Unbewußte meldet via Intuition, ob vom Kurs der inneren Bestimmung im ziel- und weglosen Chaos abgewichen wird.

Die Grundorientierung erfährt der Mensch nur aus sich selbst, wenn er sich selbst noch nicht entfremdet ist. Er stellt dem Unbewußten in einem Zustand tiefer Entspannung, welche den Kontakt zum Unbewußten herstellt (62), die Frage: Was ist das mir gemäße Ziel? Was macht Sinn für mich? Wo stehe ich in der Welt, in der Gesellschaft, in der Geschichte? Die Antwort wird sich nicht sogleich einstellen, sondern ist die Frucht einer Reifung des Unbewußten und wird wie ein kreativer Akt plötzlich als Gewißheit evident.

Die Voraussetzungen zum Erkennen der Vision können in keiner Weise umgangen werden. Das Unbewußte läßt sich nicht betrügen. Wer sich im Korsett der Sicherheit einzementiert hat und sich noch nicht auf die Suche seiner Grenzen begeben hat, wer das Feld des rationalen Denkens noch nicht erweitert hat und sich damit auf dem Weg zu einer ganzheitlichen Persönlichkeit befindet, wird nicht ins Land des Unbekannten eindringen, wo sich die Vision ohne manipulatives Dazutun meldet. An die Vision kommt deshalb nur heran, wer bereits das Chaos mit einem Schritt ins Ungewiße erprobt hat. Dieses Hinübergehen (Transzendenz) ins Dunkle, wo kein Wollen und Wissen mehr herrscht, öffnet erst den Zugang zur Vision. In der Psychotherapie werden zur Erleichterung dieses Schrittes ins Dunkle, bzw. für die Meldung des Unbewußten zur inneren Bestimmung verschiedene Methoden angeboten: Die freie Assoziation (Psychoanalyse), »felt sense« (Focusing, Kontaktaufnahme mit innerem Bewußtsein angezeigt durch Körpersignale), Trance (Hypnotherapie), Meditation (Zen, Yoga), Tiefenentspannung (autogenes Training, Alpha-Training) usf. (63). Die Technik ist aber alt und schon bei den Mystikern und in allen östlichen und westlichen Religionen bekannt.

Visionen als inneres Leitbild kann nicht nur einem Einzelmenschen im kreativen Chaos Sicherheit vermitteln, sondern auch in Gruppen und Organisationen den Mut zur Ablösung von eingefahrener Ordnung beflügeln. Als Versuch in dieser Richtung kann etwa die Kreation von unternehmerischen Leitbildern unter Anwendung der Szenario-Technik bezeichnet werden. Die Vision einer Organisation schlägt sich häufig in der Symbolik der Firmenzeichen nieder oder in Satzungen, welche den höheren Sinn und Zweck der Organisation wiedergeben. Derartige zukunftorientierte Richtwerte erhalten aber erst Visionscharakter, wenn ihnen die innere Wahrheit gehört. Dazu müssen sie aus der »Seele« der Organisation gewachsen sein und im »Geist« der Organisation sichtbar werden.

Sozialer Austausch

Chaos stürzt den Menschen in die Einsamkeit und Isolation. Statt die Kommunikation zu suchen und zu aktivieren, zieht sich der Chaot von der Gemeinschaft zurück. Das Geben und Nehmen, der soziale Austausch, kommt zum Stillstand. Das Chaos wird nun unerträglich und läßt sich nur verkraften, wenn Gleichgesinnte sich zu einer Komplizenschaft zusammenschließen. Mit der Bildung einer neuen Sub-Kultur, die in Opposition zur Umwelt steht, wird das Chaos aber vermieden und die kreative Veränderungsbereitschaft wandelt sich zu einem Machtkampf mit der Umwelt.

Um derartige Fehlentwicklungen zu verhindern, ist darauf zu

achten, daß sich das Chaos nicht isoliert, sondern daß die soziale Interaktion zum Umfeld unterhalten wird, auch wenn sie mitunter in heikle Stadien gerät.

Der konstante Energieaustausch verschafft ein weiteres sicheres Fundament für das Chaos-Experiment. Dazu sind zuverlässige Fixpunkte in der Umwelt erforderlich, über die der Kontakt unterhalten wird. Es sind dies in der Regel Beziehungspartner, mit denen man eine intensive Kommunikation unterhält und die eine Art Rückhalt oder, anders ausgedrückt, eine Art Brücke zum Festland bilden.

Die Beziehung zur Außenwelt des Chaos braucht dauernd Nahrung, damit sie nicht plötzlich abbricht. Dies setzt voraus, daß der »Chaot« nicht nur nimmt, sondern auch gibt. Geben und Nehmen dürfen auf beiden Seiten nicht in ein starres Ungleichgewicht geraten. Andererseits ist ein vorübergehendes Ungleichgewicht nicht schädlich, sondern belebt im Gegenteil die Beziehungsdynamik, sofern über Geben und Nehmen nicht Rechnung geführt wird, sondern ein instabiles Gleichgewicht als normales Fließen ertragen wird.

So leicht sich das theoretisch fordern läßt, so schwierig ist das fließende Gleichgewicht in der Praxis zu handhaben. Denn unsere Kultur pflegt Geben und Nehmen aufzurechnen. Wer nimmt, fühlt sich verpflichtet, im gleichen Maß zurückzugeben. Wenn er nicht geben kann, steht er in Schuld. Um das Schuldenkonto nicht zu erhöhen, nimmt er nicht mehr an, was ihm angeboten wird. Die Verweigerung des Nehmens löst aber die Beziehung auf und läßt den Zurückhaltenden in die Depression fallen (64).

Die Mußvorstellung ausgeglichener Konti auf beiden Seiten gefährdet also den sozialen Austausch. Dieser darf nicht einseitig werden oder sich innerhalb enger Grenzen bewegen. Vielmehr ist hier ein beträchtliches Maß an Toleranz für Gefälle Vorbedingung, sonst kippt bei einseitigem Geben oder Nehmen die Dynamik in eine Statik. Ein stabiles Gleichgewicht vermittelt aber nicht den Halt, den ein labiles Gleichgewicht durch seine Beweglichkeit leistet, auch wenn es schwer fällt, sich vorzustellen, daß eine innere Labilität eine höhere Stabilität nach außen schafft (65).

Eine derart tragende Beziehungsdynamik wirkt als Festung in den Sturmfluten des Chaos und erleichtert die »Einfrierung« der neuen Strukturen. Das läßt sich leicht an verschiedenen Beispielen nachweisen.

Eine Familie kann Krisensituationen (kranke Kinder, ausscherende Partner, regionale Entwurzelung) leichter verkraften, wenn die Revolution in der Evolution gemeinsam gemeistert wird.

Eine Ehe läßt sich für beide Seiten mit weniger Wunden und Narben scheiden, wenn die Kommunikation bis am Schluß erhalten bleibt und auch noch vor dem Richter spielt.

In Unternehmen werden Krisen besser bewältigt, wenn nicht stumme Fronten einen kalten Krieg heraufbeschwören, sondern die Ungewißheit und Unsicherheit kommunikativ bewältigt werden kann.

In Gesellschaften können erschütternde Einbrüche (Aufstand einer Minorität, jungendliche Chaoten, Terroristen) leichter verarbeitet werden, wenn dabei die Kommunikation zwischen den feindlichen Parteien erhalten bleibt.

Bekanntlich bricht dann Krieg aus, wenn die Diplomaten nicht mehr verhandeln können und die Generäle die »Kommunikation« übernehmen.

Verankerung

Der Ausdruck stammt aus der Navigation und veranschaulicht sinnbildlich die Festigung im Sturm. Neuerdings wird damit auch eine Technik des Neurolinguistischen Programmierens (66) bezeichnet, mit der positive Gefühle körperlich »fixiert«, d. h. eben verankert werden (67).

In ähnlicher Weise funktioniert die Verankerung im Dunkel des Chaos. Sie verbindet den Chaoten wie mit einer Nabelschnur an die höhere, fundamentale Ordnung zurück, die so kategorial ist, daß sie sich auch im Chaos nicht auflöst.

Wir nennen sie deshalb Ursprungsordnung (68). Sie setzt sich nicht aus eigener Kraft durch, sondern muß gepflegt und erhalten werden. Jedoch macht sie sich bei einer Verletzung bemerkbar. Wird sie umgestürzt, entsteht ein destruktives

Chaos und ein unaufhaltsamer Zerstörungsprozeß, der sich oft erst viel später auswirkt.

In gewissem Sinne stellt die Ursprungsordnung eine heilige Ordnung (Hierarchie) dar, die aber nicht künstlich geschaffen werden kann, sondern aus der »Natur des Menschen« wächst und fundamentale Bezüge definiert, die nicht übersprungen oder gelöscht werden können.

Es fällt schwer, die Ursprungsordnung zu definieren, da sie inhaltlich durch die jeweilige Problematik bestimmt ist. Jedoch kann formal einiges darüber ausgesagt werden. Die Ursprungsordnung besitzt nicht eine einzige, richtige Gestalt, sondern verfügt über eine Anzahl möglicher Formen, die innerhalb eines abgegrenzten Spektrums liegen. Ihnen ist ein gemeinsames Prinzip eigen, das immanent in der Problemsituation enthalten ist, das nicht willkürlich abgerufen werden kann, sondern das erst im Prozeß in Erscheinung tritt, meist erst dann, wenn es gestört wird. Die Störung ist an der Stagnation oder an der Regression des Entwicklungsprozeßes erkennbar. Von hier aus kann die Ursprungsordnung auch erforscht und wiederhergestellt werden.

Die Ursprungsordnung hindert den chaotischen Menschen am Verrücktwerden. Die menschliche Natur hat eine Selbstheilungstendenz, die dafür sorgt, daß die Ursprungsordnung erhalten wird, wie stark das Chaos wütet. Sie stellt den Bezug zur Realität sicher und liefert dadurch eine Art Risikodeckung. Erst wenn sie zerstört wird, besteht die Gefahr der Psychose. In neueren Untersuchungen über die Schizophrenie weiß man um diese Zusammenhänge recht gut Bescheid (69).

Jeder Mensch, jede Gruppe, jede Organisation und jede Familie hat ihre eigene Ursprungsordnung, in der sich auch überindividuelle Gesetzmäßigkeiten wiederholen. Am Beispiel der Familie kann eine solche Gesetzmäßigkeit eindrücklich veranschaulicht werden.

Zum Ursprung der Familie gehören zwei Ebenen, die der Eltern und die der Kinder. Werden diese Ebenen vertauscht, d. h. verhalten sich die Eltern wie Kinder und übernehmen umgekehrt die Kinder Elternfunktionen, wird das System krank. Es ist nicht mehr geeignet, Chaos zu bewältigen. Wird aber die hierarchische Grenze zwischen den zwei Generationen beachtet, und werden die ursprünglichen Rollen respektiert, kann die Familie ein geschütteltes Maß an Chaos verdauen, ohne krank zu werden.

Eine gleiche Gesetzmäßigkeit läßt sich in Organisationen beobachten, die auf eine tradierte innere Ordnung zurückblicken. Dies trifft speziell auf Familienunternehmen zu, in denen der Patron einen ihm zugeschriebenen Status bekleiden muß, wenn das Unternehmen sich gesund entwickeln und Innovationen verkraften können soll. Wird dieser Status zum Beispiel von einem Manager unterlaufen oder gar usurpiert, gerät das ganze Unternehmen in ein destruktives Chaos, aus dem keine Neuerung wächst.

Von den vier Grundwerten, Liebe, Hoffnung, Geben und Nehmen sowie Ursprungsordnung ist vermutlich der letzte Wert am wenigsten zu verstehen, weil er am stärksten zum Chaos in Gegensatz steht. Hier bewahrheitet sich von einer anderen Seite, daß das, was wir Chaos nennen, nicht dem Nichts gleichzusetzen ist, sondern eher mit dem leeren Raum zu vergleichen ist, der aber durch »vier Wände« (im übertragenen Sinne), also durch eine höhere Ordnung gehalten wird. Die Ursprungsordnung verleiht dem Chaos eine Determination höherer Kategorie. Das Wissen um diese Grenze macht das Chaos dem Menschen erträglich.

Wie man auch immer die vier Grundwerte menschlichen Zusammenlebens bezeichnet, die Titel beschreiben den Gehalt nicht vollständig und sind nur Hilfsbegriffe. Es ist für das Verständnis wichtig, sich nicht an diese Begriffe zu klammern, sondern sie durch Erweiterung zu relativieren. Deshalb werden im nachfolgenden Test zur Selbstprüfung andere Bezeichnungen verwendet und Bezüge zu verwandten Bedeutungsfeldern aufgezeigt, wie sie sich beispielsweise im griechischen Weltbild, in der griechischen Temperamentslehre oder gar in der Astrologie wiederfinden.

Wie jedermann leicht feststellen kann, nimmt unsere Epoche die vier Variablen menschlichen Lebens zu wenig ernst. Sie sind als Grundwerte nicht in unserem epochaltypischen Bewußtsein verankert. Wenn sie ihre ursprüngliche Kraft wieder erhalten, könnten sie viel dazu beitragen, die zunehmende Komplexität unserer Welt zu akzeptieren und das Abenteuer eines raschen Wandels, dem unsere Zeit ausgesetzt ist, einzugehen.

Test zur Selbstprüfung

Primäre Liebe, Vision, sozialer Austausch und Verankerung geben dem Chaos inneren Halt. Gleichzeitig sind sie Merkmal dafür, daß der Chaosprozeß Folge einer Evolution und nicht einer Destruktion ist, das heißt, daß er selbst die »Grenzen seines Wachstums« respektiert. In der Folge können Sie sich prüfen, ob Sie über die vier Rahmenbedingungen verfügen, die einem Chaosprozeß inneren Halt verleihen.

Lesen Sie die einzelnen Voraussetzungen durch! Ziehen Sie als Beispiel einen Erneuerungsprozeß aus jüngster Vergangenheit heran, an dem Sie beteiligt sind! Wägen Sie ab, inwieweit Sie die geforderte Größe eingesetzt haben und bewerten Sie mit folgender Skala:

1 setze ich in höchstem Maße ein (volle Investition)
2 setze ich einigermaßen ein (teilweise Investition)
3 kann ich aktivieren, wenn ich will (Investition von Fall zu Fall)
4 macht mir tendenziell Mühe (geringe Investition)
5 liegt mir persönlich weniger (keine Investition)

A) Persönliche Investition in Chaosprozessen

☐ 1. Kraft

Die primäre Liebe verleiht dem Chaosprozeß Kraft. Wichtig ist, daß sich die primäre Liebe auch auf das Chaosobjekt bezieht, d. h. auf das Problem, den Konflikt, den Inhalt, welcher der Erneuerung bedarf. Ohne Liebe zu einem Produkt kann kein Produkt erneuert werden. Ohne Liebe zum Verfahren entsteht kein neues usf.
Prüfen Sie einen gegenwärtigen Innovationsprozeß! Inwieweit sind Sie an der Sache engagiert und persönlich betroffen? Wie stark lieben Sie das, was Sie entwickeln wollen? (Zutreffende Ziffer in Kästchen neben Titel setzen!)

☐ 2. Intuition

Die Vision wird nur dank Intuition gewonnen. Je stärker die Intuition engagiert ist, desto leichter wird sich Chaos entwickeln und desto leichter ist es auch zu bestehen, denn die Intuition schafft »Luft« und gleichzeitig ein hohes Selbstvertrauen in die unbewußten Kräfte. Prüfen Sie, ob in dem gewählten Neuerungsprozeß Raum für Intuition besteht! Wieviel ist vorprogrammiert und wieviel Raum für Überraschungen ist vorhanden? Wie stark ist das Vertrauen in den Prozeß, das heißt in die Selbstentwicklungsfähigkeit des Prozesses?

□ 3. Bewegung

Zum sozialen Austausch gehört Bewegung physischer und psychischer Art, die sich im Hin und Her von verbalen und nonverbalen Botschaften dokumentiert. Allerdings nicht die hektische, ausfahrende Bewegung, sondern die rhythmische, ausgeglichene, die auch die Bereitschaft zum Sprung und zum Tanz aus der Reihe einschließt. Ohne Labilität, ohne Ungleichgewicht entsteht kein Chaos. Prüfen Sie, ob sich Ihr Erneuerungsprozeß in einem Ghetto abspielt oder im Feld der Beteiligten und der Anwender! Wird laufend der Kontakt zur betroffenen Außenwelt gepflegt und die Ergebnisse der neuesten Entwicklungen ausgetauscht? Trägt die Beziehung auch dann, wenn Konflikte und Krisen entstehen? Ist das gegenseitige Geben und Nehmen nicht festgefahren, sondern ein dynamisches Gleichgewicht?

□ 4. Tiefe

Die Verankerung ist nur möglich, wenn die Tiefe ausgelotet wird, d. h. fundamentale Grundstruktur oder die Grundordnung ausgemacht und geschützt ist. Dabei ist nicht einmal entscheidend, sie zum Bewußtsein zu bringen, wenn das Vertrauen in sie da ist. Dagegen ist darauf zu achten, daß sie nicht verletzt wird.
Prüfen Sie in Ihrem Entwicklungsprozeß, ob die Verhältnisse stimmig sind (»kleinen Professor« einsetzen)! Werden archaische Ordnungen berücksichtigt? Wird der Erneuerungsprozeß auf Unstimmigkeiten abgehört? Wird der Gang der Entwicklung aufgenommen und werden Meldungen aus dem Unbewußten darüber wahrgenommen? Werden bei inneren Unstimmigkeiten Korrekturen angebracht oder zum mindesten mit Korrekturen experimentiert?

B) Persönliche Voraussetzungen

Um den inneren Halt aufzubauen, sind einige persönliche Fähigkeiten zu entwickeln. Sie können im folgenden prüfen, ob Sie die Voraussetzungen besitzen. Wenden Sie dabei folgende Skala an:

1 besitze ich in erfreulichem Ausmaße
2 kann ich aktivieren, wenn ich will
3 liege im Durchschnitt
4 macht mir tendenziell eher Mühe
5 liegt mir persönlich weniger

☐ Kraft:
Risikobereitschaft, Durchhaltevermögen, gerichtete Aktivität, Ausdrucksbereitschaft, Vitalität, Spannungstoleranz

☐ Intuition:
Sensibilität, Offenheit, Wachheit, Reizempfänglichkeit, Imaginationskraft

☐ Bewegung:
Lernbereitschaft, Assoziationsflüssigkeit, Umstrukturierungsfähigkeit, Beeindruckbarkeit durch Neues

☐ Tiefe:
Zugang zu sich selbst, Problematisierungsfähigkeit, Inkubationsgeduld, Echounabhängigkeit, Umgang mit Chaos und Unbewußtem, Selbstvertrauen

Auswertung	a) Investition	b) Voraussetzungen	Total
Kraft (Zugehörigkeit)			
Intuition (Vision)			
Bewegung (sozialer Austausch)			
Tiefe (Ursprungsordnung)			
Gesamt			

Übertragen auf Seite 189

Bilden Sie die Summen und stellen Sie eine Rangordnung unter den vier Variablen her! Die Rangordnung spiegelt in vereinfachter Form Ihre Persönlichkeitsstruktur wieder, da die vier Elemente, wie folgende Tabelle zeigt, die vier Temperamente der ältesten Typologie wiedergeben.

Rang-ordnung	Anforderung des Chaos	Elemente im griech. Weltbild	Typ der griech. Typenlehre	Farbe
	Kraft (Primäre Liebe)	Feuer	Choleriker	rot
	Intuition (Vision)	Luft	Sanguiniker	gelb
	Bewegung (sozialer Austausch)	Wasser	Phlegmatiker	blau
	Tiefe (Verankerung)	Erde	Melancholiker	grün

Gesamtauswertung des Selbstprüfungs-Tests

(Kapitel 7 bis 10)

Sie können (unverbindlich und nicht zuverlässig) feststellen, ob Sie eher chaosfeindlich oder chaosfreundlich eingestellt sind, wenn Sie die Totale der einzelnen Tests in folgende Tabelle übertragen und zum Endergebnis zusammenzählen.

	total	Faktor	Faktor × total
Die Bremsen des Chaos: Total der Werte von Seite 145		1	
Die Orientierungshelfer im Chaos: Total der Werte von Seite 155		2	
Die Antreiber des Chaos: Total der Werte von Seite 171		5	
Der innere Halt im Chaos: Total der Werte von Seite 187		3	
Summe aller Werte			

Die folgende Beurteilunsskala basiert nicht auf gemessenen Durchschnittswerten, sondern dient nur als Spiegel für die Selbsteinschätzung. Nehmen Sie die Beurteilung deshalb nicht zu ernst! Stellen Sie sich der Herausforderung! Prüfen Sie, ob das Ergebnis mit Ihrer Erfahrung übereinstimmt! Vergleichen Sie Ihr Ergebnis mit demjenigen von Kollegen!

Beurteilungsskala	*Punkte*
chaosfeindlich	605–720
chaosgehemmt	490–604
chaoskritisch	375–489
chaosoffen	260–374
chaosfreundlich	0–259

NACHWORT

Der Sinn des Chaos

Mit Chaos umgehen bedeutet, sich mit ihm zu konfrontieren. Wie wir gesehen haben, wird damit der Boden entscheidender Orientierungshilfen im Leben weggezogen. Eine völlig neue Art, Menschen, Dinge, Entwicklungen zu sehen, bahnt sich an: Raum- und Zeitbegriffe ändern sich. Die Beziehung zu Mensch und Natur erhält neue Dimensionen. In dieser Turbulenz wird wichtig, neuen Rückhalt bei neuen Werten zu finden, um nicht durch Angst und Unsicherheit in eine destruktive Hektik zu geraten.

Wie schon immer in der Menschheitsgeschichte liefern die Denker unserer Zeit den geistigen Rückhalt. Sie stellen Chaotisches in einen neuen Zusammenhang und begründen es so, daß es Sinn erhält.

Einige verheißungsvolle Ansätze liegen bereits vor und haben die Gedanken zum Chaos-Management mitgeformt. Sie seien zum Schluß als Wegweiser für jene angeboten, die sich stärker mit der philosophischen Grundlage des Chaos-Managements beschäftigen wollen.

Vier philosophische Theorien oder Konzepte zum Verständnis unserer Welt dienten als Unterbau für die Theorie der Chaos-Antreiber. Sie sind gleichzeitig Sinnvermittler bei der Auflösung bestehender Strukturen und geben das Fernziel vor, das durch das Chaos erreicht werden soll.

1. *Im Chaos wird das Selbst realisiert.*
(Helfende Chaosfunktionen: Hinsehen und Hinhören)
Zugrundeliegende Theorie:
Die Idee der Individuation von *C. G. Jung* (70)

2. *Im Chaos entfaltet sich verborgene Ganzheit.* (Helfende Chaosfunktion: Dem Gesehenen und Gehörten vertrauen.
Zugrundeliegende Theorie:
Die Idee der impliziten Ordnung von *D. Bohm* (71)

3. *Im Chaos enthüllt sich die Selbstorganisation.*
(Helfende Chaosfunktion: Sich dem Wahrgenommenen stellen)
Zugrundeliegende Theorie:
Die Idee der Autopoiese (Selbstorganisation) von *I. Prigogine* (72)

4. *Im Chaos wirkt der geheime Bauplan.*
(Helfende Chaosfunktion: Dem Unscheinbaren folgen)
Zugrundeliegende Theorie:
Die Idee der morphogenetischen Felder von *R. Sheldrake* (73)

In dieser Kurzform kommt der geistige Hintergrund und das Gewicht dieser Theorien nicht zum Tragen. Jede Theorie darf aber als bahnbrechend in der Geistesgeschichte unseres Jahrhunderts gelten, auch wenn unter den heutigen Fachleuten noch keine Einigkeit darüber besteht.

Das Prinzip der *sensibilisierten Wahrnehmung* ist allerding nicht diesen umfassenden Konzepten entnommen worden, sondern aus der Praxis der Beratung von Organisationen gewachsen. Jedoch ist die Grundidee des Prinzips in diesen Theorien (vielleicht nicht zufällig) wiedergefunden worden.

Der Zusammenhang zwischen den Philosophien und den Chaosantreibern ist also nicht zwingend, wie auch die Vertreter der jeweiligen Konzepte nicht die einzigen maßgeblichen Innovatoren sein werden, welche den zugehörigen Sinnaspekt des Chaos entdeckt haben. Auch fällt der Sinnbezug zum Chaos nicht unbedingt mit dem Kern der jeweiligen Theorie zusammen, vielmehr dienen die Konzepte lediglich dazu, den Sinn des Chaos deutlicher und transparenter werden zu lassen.

Im folgenden sind die vier Sinnfelder fragmentarisch beschrieben. Es soll das Risiko der starken Vereinfachung und Verkürzung eingegangen werden, um die Neugierde des Lesers zu wecken.

Der Sinn des Chaos in der Selbstrealisierung

Die Idee der Individuation geht davon aus, daß im unerschöpflichen Reich des Unbewußten das Potential für eine kreative

Fortentwicklung verborgen ist und daß durch Bewußtmachung der verdrängten und abgeschobenen Seiten sich neue Quellen erschließen, allerdings mit dem Preis, in Tiefen abzutauchen, die größte Verwirrung stiften.

Den Weg zum Potential findet, wer sich zuhört und zusieht, das heißt, wer die Vier-Dimensionalität (linksseitiges und rechtsseitiges Denken, Gefühlswelt und Instinktwelt) des Menschen nutzt und Meldungen aus dem Unbewußten aufnimmt sowie wer der Welt mit allen Kanälen der Wahrnehmung (optisch, akustisch, kinaesthetisch) zugewandt ist.

Das Chaos findet hier seinen Sinn in der Potentialausschöpfung, das heißt, in der Entdeckung verborgener, hemmender und fördernder Persönlichkeits-Anteile, oder einfacher: In der Nutzung versteckter Talente. (Siehe Antreiber: Hinsehen und Hinhören!)

Der Sinn des Chaos in der verborgenen Ganzheit

Die Idee der impliziten Ordnung nimmt an, daß in jedem Teil auch das Ganze eingefaltet ist, d. h. daß jedes Element die Idee des Ganzen in sich trägt und daß auf dieser Welt alle Elemente in einem »schwingenden Gewebe« miteinander verknüpft sind, wobei sich auch Materie und Geist gegenseitig einfalten. Alles, was existiert, wird durch eine Grundlage zusammengehalten, die sich in jedem Teil manifestieren kann.

Es gilt, dieser Grundlage zu vertrauen und davon auszugehen, daß die Möglichkeit der Entwicklung eines jeden Teils durch die Einfaltung des Ganzen unbegrenzt ist. (Siehe Antreiber: Gesehenem und Gehörtem vertrauen!)

Der Sinn des Chaos in der Selbstorganisation

Die Idee der Autopoiese nimmt an, daß natürliche Systeme einer Dynamik folgen, die sie selbst hervorbringen. Zu einem nicht vorherbestimmbaren Zeitpunkt erzeugen unwillkürliche Innenbewegungen und Innen-Außen-Fluktuationen ein Ungleichgewicht, das eskaliert und einen Entwicklungssprung des ganzen Systems auf eine höhere Stufe einleitet. Der unerwartete Struktursprung (kreative Entwicklung) tritt ein, wenn das »Pulsieren«, das heißt die Veränderung der inneren Ordnung, mit anderen Worten, das Chaos, zugelassen wird, indem man den autonomen Gärungsprozeß wirken läßt und sich der Krise aussetzt.

Der Sinn wird durch die innewohnende, gerichtete Dynamik verliehen, welche in ihrer ursprünglichen Tendenz ein Überleben des Systems anstrebt und auf eine Gesundung abzielt. (Siehe Antreiber: Sich dem Gehörten und Gesehenen stellen!)

Der Sinn des Chaos im geheimen Bauplan

Die Idee der morphogenetischen Felder von R. Sheldrake beruht auf einer interessanten Beobachtung von Lernfortschritten bei Ratten und Menschen. Sheldrake stellt fest, daß rascher und leichter gelernt wird, wenn dasselbe bereits einmal in dieser Welt gelernt worden ist, gleichgültig an welchem Ort und zu welcher Zeit. Lernen ist also nicht an Zeit und Raum gebunden, sondern ubiquitär.

Nach dieser Annahme werden Erinnerungen nicht nur in Gehirnen gespeichert und über Kommunikation weitergetragen, sondern sind in der Welt frei flottierend, in welcher Gestalt auch immer, präsent und können abgerufen werden. Jeder hat damit Zugang zum immanenten »Wissenspool« der Welt.

Informationen, Wissen oder einfach Geist wirken also über die Materie hinweg oder durch die Materie hindurch und manifestieren sich in Lernprozeßen. Es kommt darauf an, den inneren Gang von Entwicklungen abzuhören und ihm nachzufolgen, um das versteckte Lernpotential zu nutzen. (Siehe Antreiber: Dem Unscheinbaren folgen!)

Selbstrealisierung, Entfaltung verborgener Ganzheit, Wirkenlassen der Selbstorganisation und der immateriellen Übertragung von Können, daraus bezieht das Eintauchen in das Chaos seinen Sinn. Die vier Sinnbezüge verbindet ein roter Faden. Sie reduzieren die Machbarkeit der Entwicklung und betonen die Eigendynamik, der sie eine aufbauende, evolvierende Funktion zuschreiben. Die sich selbst steuernde Kraft im Chaos könnte man vorsichtigerweise mit »Geist« bezeichnen, denn sie erfüllt die Bedingungen eines bewußten Lebewesens, das fähig ist, sich selbst zu steuern.

Wenn sich entwickelnde, lebende Systeme, vorab der Mensch,

aber auch soziale Gruppierungen, Organisationen und Nationen von einem »Geist« gesteuert werden, wirkt dieser auch in den Übergangsphasen von einer alten zu einer neuen Struktur, wenn durch Auflösung der alten Ordnungen Chaos entsteht. Mithin werden die Elemente des inneren Haltes im Chaos, wie Zugehörigkeit (Liebe), Vision (Hoffnung), sozialer Austausch (Geben und Nehmen) sowie Ursprungsordnung durch den »Geist« zusammengehalten und »geführt«. »Geist« erscheint damit als Selbstorganisations-Dynamik in Entwicklungen menschlicher (aber auch natürlicher) Systeme.

Wenn sich der Mensch dem Chaos ausliefert, überläßt er sich ohnmächtig dem Strudel der Ereignisse. Er muß sich jedoch nicht fürchten unterzugehen, denn das dynamische Prinzip, dem er sich vertraut, ist kein Nichts, sondern hat eine Zielrichtung, die eine Vorwärtsentwicklung anstrebt und Sinn realisiert. Das eigendynamische Steuerungsprinzip mag im Unendlichen mit dem Göttlichen zusammenfallen und überhaupt mit einem Geist des Universums identisch sein. Für das Chaos-Abenteuer des heute säkularisierten, neuzeitlichen Menschen ist wichtig zu wissen, daß Chaos als Aufbruch zu Neuem der Menschheit zugetraut werden darf, da das Chaos von einem (geistigen) Evolutionszentrum von höherer Ebene aus in den neuen Zustand hinübergeleitet wird und deshalb nicht in die volle menschliche Verantwortung fällt. Dies soll den Menschen nicht nur entlasten, sondern auch anspornen, seinen Teil der Steuerungsverantwortung zu übernehmen.

Anmerkungen

(1) So schrieb Heisenberg: »Diese heftige Reaktion auf die jüngste Entwicklung in der modernen Physik kann man nur verstehen, wenn man erkennt, daß hier die Fundamente der Physik und vielleicht der Naturwissenschaften überhaupt in Bewegung geraten waren.« Und Einstein: »Alle meine Versuche, die theoretischen Grundlagen der Physik dieser neuen Art von Wissen anzupassen, haben völlig versagt.« Zitiert nach Capra (1975), Seite 51.

(2) »Bei genauer Untersuchung stellt sich sogar heraus, daß die Wissenschaft überhaupt keine »nackten Tatsachen« kennt, sondern daß alle »Tatsachen«, die in unsere Erkenntnis eingehen, bereits auf eine bestimmte Weise gesehen und daher wesentlich ideell sind. Und damit ist die Geschichte der Wissenschaft so komplex, chaotisch, voll von Fehlern und so unterhaltend wie die in ihr enthaltenen Ideen, und diese wiederum so komplex, chaotisch und voll von Fehlern und so unterhaltend, wie das Bewußtsein derer, die sie erfinden.« So umschreibt Feyerabend die Pluralität gültiger Erkenntnistheorien, zitiert nach Feyerabend (1976), Seite 15.

(3) Ferguson (1982) versucht, die Ansätze der Bewußtseinsänderung in unserer Gesellschaft aus psychologischer Sicht zu sammeln und eine gemeinsame Verbindung nachzuweisen. Sie nimmt auf, was Astrologen behaupten: Wir stehen in der Wende zu einem neuen Zeitalter, das unter einem neuen Zeichen (Wassermann) steht.

(4) Selbst Rationalisten wie Popper (1972) treten vehement dafür ein, von der Vorstellung eines absoluten Wissens wegzukommen. Er bezeichnet jedes Wissen als provisorisch und gibt ihm deswegen den Titel »Vermutungswissen«.

(5) Gödel weist in seinem berühmten Aufsatz von 1931 nach, wo die Grenzen der Mathematik liegen und wie mathematisches Denken ad absurdum geführt werden kann. Eine amüsante Einführung in die natürlichen Grenzen rationalen Denkens bietet der Bestseller von Hofstadter (1985).

(6) Eine gute Einführung in die Unordnung der Natur vermittelt die Synergetik-Theorie von Haken (1981), während das klassische Werk von Schuster (1984) nur für Mathematiker lesbar ist.

(7) Inzwischen haben sich die Presse (auch die Boulevard-Presse) und das Fernsehen dem Chaos-Thema angenommen und versuchen, die wissenschaftlichen Erkenntnisse einem breiteren Bevölkerungskreis zugänglich zu machen. Siehe Sendereihen des deutschen Fernsehens über Chaos (1985) und GEO Nr. 7 (1985).

(8) »Es wird möglich, Evolution als komplexes, aber ganzheitlich-dynamisches Phänomen einer universalen Entfaltung von Ordnung zu

sehen, die sich in vielen Aspekten manifestiert, als Materie und Energie, Information und Komplexität, Bewußtsein und Selbstreflexion. Naturgeschichte . . . kann als Evolution von Bewußtsein, das heißt von Autonomie und Emanzipation, und von Geist aufgefaßt werden. Geist erscheint nun als Selbstorganisations-Dynamik auf vielen Ebenen, als eine Dynamik, die sich selbst evolviert . . . Damit wird jener Dualismus zwischen Geist und Materie aufgehoben, der das westliche Denken in seinen Hauptströmungen mehr als zwei Jahrtausende lang geprägt hat.« (Jantsch, 1979, Seite 411). Bei Jantsch ist in einprägsamer Weise das Prinzip der »Autopoiese« (Selbstorganisation), das als Annahme diesem Buch zugrunde liegt, nachzulesen, wobei er auch auf die grundlegenden Versuche des Schöpfers der Idee, Nobelpreisträger Prigogine, eingeht.

(9) zitiert nach Prigogine und Stengers (1980) Seite 294.

(10) Am bekanntesten ist der Professor für Psychiatrie und Neurologie, Hoimar v. Ditfurth (1980 und 1981), der in zahlreichen Büchern und Fernsehsendungen, die Ergebnisse der anthropologischen Forschung im weitesten Sinne in eine einfache und verständliche Sprache übersetzt hat. Hinzuweisen ist auch auf den Forscherkreis um Konrad Lorenz, der ausgehend von Beobachtungen an Tieren entwicklungsgeschichtlich »alte« Verhaltensmuster von Menschen untersucht.

(11) vgl. Schriften Freuds (z. B. Abriß der Psychoanalyse, das Unbehagen in der Kultur u. a.) Wer sich mit der Theorie von S. Freud auseinandersetzen möchte, sei die leicht lesbare Einführung von Bally (1961) empfohlen.

(12) Die meisten Persönlichkeits-Theorien in der Psychologie bis in die jüngste Zeit sind Schichtenmodelle. Vergleiche dazu Rothacker (1938), Lersch (1956). Selbst die Transaktionsanalyse geht von einem ähnlichen Erkenntnismodell aus, wobei die drei Ichformen weniger als »Instanzen« der Persönlichkeit denn als Verhaltenskategorien zu verstehen sind.

(13) Die Ergebnisse können in Kälin/Müri (1985) nachgelesen werden: Egogramm von Führungskräften (N = 4280) Eltern-Ich zu 70–80%, Kind-Ich zu 35% von möglichen 100% belegt.

(14) Den Funktionalismus hat in eindrücklicher und umfassender Weise Fusshoeller (1984) in seinem Buch »Die Dämonen kehren wieder« dargestellt. Er erklärt mit dem Vorherrschen funktionalistischen Denkens die Sackgasse heutigen Managements.

(15) Fusshoeller (1984) Seite 135.

(16) Richter (1974) weist die Parallelität des Persönlichkeitsbildes des Managers und des Herzinfarkt-Kandidaten wissenschaftlich nach unter dem Titel »Die Krankheit des Mannes, der nicht leiden darf«.

(17) Dieses hirnphysiologisch begründete Persönlichkeitsmodell ist wie alle Modelle nur ein Hilfsgerüst. Es wäre falsch daraus eine Typologie abzuleiten, wie dies die sog. Lehre des »Struktogrammes« in dogmatischer Art und Weise versucht.

(18) Um die Verbreitung dieser Forschungsergebnisse hat sich Ferguson verdient gemacht (1981), die auch über dieses Thema eine Zeitschrift (Brain/Mind Bulletin) herausgibt. Eine einfache Einführung bietet auch Blakeslee (1982).

(19) Diese Unterscheidung trifft erstmals in dieser Form de Bono (1971).

(20) Diese Bezeichnung der Denkformen findet sich schon länger in der Literatur. Vergleiche Davis/Scott (1971), Müri (1984).

(21) vgl. Anmerkung (4)

(22) Vester (1975) hat die drei Lernformen anschaulich in seinem Buch »Denken, Lernen, Vergessen« zusammengefaßt.

(23) Grinder und Bandler (1981/82) sind die Pioniere der therapeutischen Methode »Neurolinguistisches Programmieren«, welche diese Erkenntnisse verwerten. Siehe dazu Marcus (1984) und Marcus in Kälin/Müri (1985), Seite 176.

(24) Eine Kurzfassung dieser Methode findet sich in Kälin/Müri (1985), Seite 176.

(25) Die Transaktionsanalyse erweist sich je länger je mehr als eine brauchbare Persönlichkeitstheorie für die Anwendung von psychologischem Wissen in praktischen Berufsfeldern. Eine fundierte Einführung und Übersicht liefert dazu Schlegel (1979), für Manager eignen sich vor allem Benett (1977) und Meininger (1974) sowie Kälin/Müri (1985). Für die Vertiefung der Kenntnisse eignen sich Berne (1975) und English (1976).

(26) Angesprochen sind hier die Encounter-Bewegung, die Schrei-Therapie nach Cashriel, oder in primitiver Form das EST-Programm von Werner Erhard. Diese Tendenzen sind in etwas salopper, aber unterhaltsamer Art bei Bach (1976) unter dem Titel »Psychoboom« und »Feeling-Therapien« zusammengefaßt.

(27) Das Selbstwertgefühl ist identisch mit der Grundposition in der Transaktionsanalyse (siehe Harris, 1973).

(28) Die Transaktionsanalytikerin English (1982) stellt in anschaulicher Weise die beiden Typen unter dem Titel dar: »Es ging doch gut, was ging denn schief?«, Beziehungen in Partnerschaft, Familie und Beruf.

(29) Heute erklären Psychiater die Doppelbindung als Ursache für Geisteskrankheiten wie Schizophrenie. Grundlage dafür ist der berühmte Aufsatz von Bateson, Jackson, Haley und Weakland »Toward a Theory of Schizophrenia«, Behavorial Science 1 (1956), S. 251. Als Illustration geben die Autoren folgendes Beispiel: Die Mutter fühlt

sich vom Kind belästigt. Statt zu sagen: »Geh weg, ich habe Dich satt«, sagt sie: »Geh ins Bett. Du bist sehr müde, ich möchte, daß Du Deinen Schlaf bekommst.«

(30) Geistiger Vater des aktiven Zuhörens ist Rogers (1972/73). Tausch (1970) hat diese Form des Eingehens auf den Partner zur Gesprächstherapie entwickelt. Gordon (1979) hat es in sein effektives Führungstraining eingebaut. Inzwischen erscheint aktives Zuhören als Gesprächshaltung und -technik in den meisten Führungs- und Kommunikations- sowie Verkaufstrainings.

(31) vgl. Anmerkung (30). Eine einfache Anleitung zum aktiven Zuhören bietet Weisbach (1975) in »Zuhören und Verstehen« oder Fittkau (1977) in »Kommunizieren lernen«.

(32) Pionierarbeit in dieser Hinsicht hat in Europa Ruth Cohn geleistet mit der Methode der themenzentrierten Interaktion. Siehe Cohn (1975).

(33) Unterhaltsam zu lesen ist der Katalog der Spiele von Berne (1970).

(34) Den Begriff der Wendezeit verwendet Capra (1983) für sein Buch, in dem er das »neue Denken« in leicht verständlicher Form darstellt. Siehe auch Vester (1980) »Neuland des Denkens« und – für Manager geeignet – Brendl (1985) »Kompetenz«.

(35) Über die Hypothek, welche wir der jungen Generation mit auf den Lebensweg geben, muß hier nichts Näheres ausgeführt werden, da die Medien laufend darüber berichten und dazu eine ganze Literaturkategorie besteht (siehe Peccei, Huber, Robertson u.a.)

(36) Gemeint ist hier der weitverbreitete Pessimismus angesichts der anstehenden, unlösbaren Weltprobleme wie Nord-Süd-Konflikt, West-Ost-Konflikt, Umweltzerstörung.

(37) Basis dieses Modells bildet die Rational-emotive Therapie von Ellis (1979).

(38) Kahler spricht im Sinne der Transaktionsanalyse vom Miniskript. Es werden damit elterliche Forderungen bezeichnet, die für die abendländische Kultur typisch sind und mit denen »gut durchs Leben zu kommen« ist. Er nennt sie Antreiber und setzt ihnen Erlauber gegenüber, welche die Strenge der Forderung mildern sollen. Siehe dazu den Miniskript-Test in Kälin/Müri (1985) und Schlegel (1979), Seite 171 ff.

(39) Ellis (1977 und 1979) trägt aus seiner Psychotherapie-Erfahrung elf »irrationale Ideen, die psychische Störungen verursachen und aufrechterhalten« zusammen. Er meint damit die »nichtrationale Übernahme von Wertvorstellungen« der Gesellschaft, die eingebleut werden, ohne ernsthaft überprüft oder in Frage gestellt zu werden und nennt sie »ideologische Quellen psychischer Störungen«.

(40) Perlmutter H. V.: »Der Aufbau einer symbiotischen Weltwirtschaft,

ein sozioökonomisches Konzept für die Zukunft«, in: Peccei (1983). Perlmutter konstruiert ein Antiwachstums-Modell im Gegensatz zum klassischen, industriellen Modell, obwohl das Antiwachstums-Modell nur von einer politischen Minorität getragen wird und nicht relevante Wirkungen in Unternehmen zeigt. Das daraus abgeleitete partnerschaftliche Modell hat idealistische Züge und deckt sich nicht mit der gegenwärtigen Entwicklung, die eher in Richtung der hier beschriebenen B-Kultur führt.

(41) Herzberg unterscheidet Hygienefaktoren und Motivatoren auf der Basis einer Zufriedenheitstheorie. Maslow geht eher von den Grundbedürfnissen des Menschen aus, die in der Arbeit befriedigt werden können. Beides sind bekannte Klassiker der Betriebspsychologie (Herzberg 1969 und Maslow 1954).

(42) McGregor vergleicht altes und neues Menschenbild im Management (Stil X und Stil Y) und Grid bietet ein Koordinatennetz zur Erfassung des Führungsstils in den zwei Dimensionen Menschenorientierung und Aufgabenorientierung an. (McGregor 1966 und Blake/Mouton 1964).

(43) Zitat und Abbildung aus French/Bell (1977) »Organisationsentwicklung«.

(44) Vergleiche dazu Müri (1980 bis 1985)

(45) Materie, res extensa, die gegenständliche Welt; Geist, res cogitans, die nichtmaterielle Welt. Descartes hat mit dieser absoluten Trennung das neuzeitliche Denken begründet und damit die naturwissenschaftlich-technische Entwicklung der letzten Jahrhunderte ermöglicht. Als Nachteil aus dieser Entwicklung bleibt der gescheiterte Versuch, soziale Phänomene (wie Gruppen, Unternehmen, Kulturen, Völker) mit Methoden zu untersuchen, die primär für die Gegenstandswelt entwickelt wurden.

(46) Peters/Watermann (1983) haben die erfolgreichsten Unternehmen (Auf der Suche nach Spitzenleistungen) auf ihre Unternehmenskultur untersucht und gemeinsame Nenner herausgearbeitet. Damit wurden erstmals ernsthafte Kulturelemente als Erfolgsträger nachgewiesen.

(47) Deal/Kennedy (1982) entwickeln aufgrund von ausgewählten Variablen der Unternehmenskultur eine Kulturtypologie, die hier in freier Übersetzung zitiert wird.

(48) siehe Kobi/Wüthrich (1985)

(49) Seit die Unternehmenskultur als Erfolgsträger ernst genommen wird, entstehen auf dem Beratermarkt neue Angebote der Analyse und Entwicklung von Unternehmenskultur. Sie sind nur als Methoden geeignet, wenn sie unterhalb der »Wasseroberfläche des Eisberges« (siehe Anmerkung 43) operieren.

(50) Blake/Mouton (1968)

(51) Es ist zwischen der Schaffung einer technischen Erneuerung und deren Anwendung scharf zu unterscheiden, da viele technische Erfindungen den Durchbruch nicht schafften und erst später wieder oder überhaupt nicht mehr aufgegriffen wurden. Hier geht es um den Durchbruch der Errungenschaft in der Gesellschaft.

(52) Die rhythmische Abfolge von Chaos und Ordnung oder von kreativem Denken und rationalem Denken dürfte überhaupt ein Merkmal aller Entwicklungen sein und ist damit in der Problemlöse-, Entscheidungs- und Innovationsmethodik zu beachten.

(53) Dieser Hinweis spielt auf die Schrift von Weizenbaum an (Weizenbaum, J.: Kurs auf den Eisberg, Zürich, 1984)

(54) Eine Funktion, die Peters/Watermann (1983) empfehlen.

(55) vgl. Müri (1979): Kreativitätskiller und Müri (1985): Erfolg durch Kreativität

(56) Hierüber besteht eine reichhaltige Literatur sowie ein Verzeichnis der Kreativitätsmethoden vom Batelle-Institut. Vgl. Kaufmann (1972) und Hoffmann (1980) u.a.

(57) Die Orientierungshelfer entsprechen den fünf Hindernissen des kreativen Entwicklungsprozesses, wie er in Müri (1985) ausführlich beschrieben ist. Die fünf Hindernisse sind gleichzeitig fünf Phasen, fünf Vorgehensweisen und fünf Chaosformen. Sie sind hier sehr knapp umschrieben, weil die ausführliche Charakterisierung in »Erfolg durch Kreativität« hier nicht nochmals wiederholt werden soll.

(58) Erste Ergebnisse der Evolutionsforschung von Organismen (auch sozialen) liegen vor und sind bei Prigogine (1979) und Jantsch (1979) nachzulesen. Weitere werden, so ist anzunehmen, bald folgen.

(59) vgl. Anmerkung (2)

(60) Die Chaosunfähigkeit unserer Generation beruht eindeutig auf dem Verlust einer allgemeinen »höheren Ordnung« als Orientierungshilfe. Dieser Mangel wirkt sich inmitten des Chaoserlebnisses besonders negativ aus, da dann ohnehin der Boden unter den Füßen weggezogen ist. Wahrscheinlich werden Menschen, die eine innere Sicherheit im Sinne des Urvertrauens oder im Sinne einer Rückbindung an eine transzendente Kraft (Re-ligio), leichter das Chaos wagen. Jedoch soll hier auf diesen Aspekt nicht eingegangen werden.

(61) Die Transpersonale Psychologie versucht nach diesem Modell zu therapieren. Siehe Walsh/Vaugham (1985), insbesondere da: »Psychotherapien im Vergleich«, Seite 182 ff.

(62) Als Entspannungsmethoden eignen sich die heute gängigen Verfahren wie Autogenes Training (Schultz 1952), Tiefenentspannung durch Biofeedback, Yoga, Alpha-Training (Lay 1976) usf. Der Zugang zum Unbewußten kann aber auch ohne das Hilfsmittel bewußter

Entspannung gefunden werden, wenn die Antreiber in Kapitel 9 eingeübt und angewandt werden (dazu Brooks 1979 und Stevens 1975).

(63) Focusing siehe Gendlin (1981), Hypnotherapie siehe Grinder/Bandler (1984) und Erickson/Rossi (1979).

(64) Depression läßt sich als eine Problematik des Nehmens verstehen.

(65) Prinzip der dissipativen Strukturen nach Ilya Prigogine (1979), zusammengefaßt bei Jantsch (1979).

(66) Literatur dazu Grinder/Bandler (1981) und Marcus (1984).

(67) Eine Kurzfassung dieser Methode findet sich in Kälin/Müri (1985).

(68) Diese Bezeichnung verdanke ich Bert Hellinger.

(69) Vor allem die Familientherapie hat die Verrückung der Ursprungsordnung als Quelle psychischer Störungen entdeckt, zum Beispiel im Prinzip der Parentifizierung. Vgl. Hoffmann (1982).

(70) Jung (1950, 1954)

(71) Bohm (1985)

(72) Prigogine (1979) und Jantsch (1979)

(73) Sheldrake (1983) und Kakuska (1984)

Literaturhinweise

Das Literaturverzeichnis führt die Werke an, die in den Anmerkungen zitiert sind, und enthält eine Auslese der Literatur, die in engem Zusammenhang mit dem Inhalt des Buches steht und dessen Entstehung unmittelbar beeinflußt hat.

Argyle, M.: Körpersprache und Kommunikation, Paderborn, 1979

Bach, G. R. und Molter H.: Psychoboom, Düsseldorf, 1976

Bally, G.: Einführung in die Psychoanalyse Sigmund Freuds, Hamburg 1961

Bandler, R. und Grinder J.: Neue Wege der Kurzzeit-Therapie, Paderborn, 1981

Barnes, G. u.a.: Transaktionsanalyse seit Eric Berne, Berlin, 1979 bis 1981 (Drei Bände)

Bateson, G.: Geist und Natur, Frankfurt am Main, 1982

Bateson, G.: Ökologie des Geistes, Frankfurt am Main, 1981

Benett, D.: Im Kontakt gewinnen, Transaktionsanalyse als Führungshilfe, Heidelberg, 1977

Bennis, W. G. u.a.: Änderung des Sozialverhaltens, Stuttgart, 1975

Bermann, M.: Wiederverzauberung der Welt, München, 1983

Berne, E.: Spiele der Erwachsenen, Hamburg, 1967

Berne, E.: Transactional Analysis in Psychotherapie, New York, 1973

Berne, E.: Was sagen Sie, nachdem Sie guten Tag gesagt haben? München, 1975

Berne, E.: Struktur und Dynamik von Organisationen und Gruppen, München, 1979

Blake, R. R./Mouton, J. S.: The managerial grid, Houston, 1964

Blakeslee, Th. R.: Das rechte Gehirn, Freiburg i. Br., 1980

Bohm, D.: Die implizite Ordnung, München, 1985

Brendl, E.: Kompetenz, die innere Stärke ihres Unternehmens, Landsberg am Lech, 1985

Breuer, R.: Das Chaos, GEO (1985) Nr. 7, Seite 36

Brooks, Ch. V. W.: Erleben durch die Sinne (sensory awareness), Paderborn, 1979

Capra, F.: Der kosmische Reigen, Bern, 1977

Capra, F.: Wendezeit, Bern, 1982

Capra, F.: Das Tao der Physik, Bern, 1983

Clark, P. A.: Action research and organizational change, London, 1972

Cohn, R. C.: Von der Psychoanalyse zur themenzentrierten Interaktion, Stuttgart, 1975

Davis, G. A./Scott, J. A.: Training creative thinking, New York, 1971

Deal, T. E./Kennedy, A. A.: Corporate Culture, Reading, Mass., 1982

de Bono, E.: Laterales Denken, Hamburg 1971

Ellis, A.: Die rational-emotive Therapie, München, 1977

Ellis, A./Grieger, R.: Praxis der rational-emotiven Therapie, München, 1979

English, F.: Transaktionale Analyse und Skriptanalyse, Hamburg, 1976

English, A.: Es ging doch gut, was ging denn schief? München, 1982

Erickson, M. H./Rossi, E. L.: Hypnotherapie, München, 1981

Ferguson, M.: Die Revolution der Gehirnforschung, Olten, 1981

Ferguson, M.: Die sanfte Verschwörung, Basel, 1982

Feyerabend, P.: Wider den Methodenzwang, Frankfurt am Main, 1983

Fittkau, B. u.a.: Kommunizieren lernen, Braunschweig, 1977

French, W. L. und Bell, C. H.: Organisationsentwicklung, Bern 1977

Freud, S.: Abriß der Psychoanalyse, Band XVII der gesammelten Schriften, Imago-Ausgabe, London

Fromm, E.: Haben oder Sein, Stuttgart, 1976 Fusshoeller, L.: Die Dämonen kehren wieder, München, 1984

Gendlin, E. T.: Focusing, Salzburg, 1981

Glasl, F.: Konfliktmanagement, Bern, 1980

Gordon, Th.: Manager-Konferenz, Hamburg, 1979

Grinder, J./Bandler, R.: Kommunikation und Veränderung, Paderborn, 1982 (Zwei Bände)

Grinder, J./Bandler, R:: Therapie in Trance, Stuttgart, 1984

Haken, H.: Erfolgsgeheimnisse der Natur, Stuttgart, 1981

Harris, Th. A.: Ich bin o.k., Du bist o.k., Hamburg, 1973

Herzberg, F. u.a.: The motivation to work, New York, 1969

Hoffmann, H.: Kreativitätstechniken für Manager, Zürich, 1980

Hoffmann, L.: Grundlagen der Familientherapie, Hamburg, 1982

Hofstadter, D. R.: Gödel, Escher, Bach, Stuttgart, 1985

Huber, J.: Wer soll das alles ändern, Berlin, 1980

Huxley, A.: Die Pforten der Wahrnehmung, München, 1970

Jacobi, J.: Die Psychologie von C. G. Jung, Zürich, 1959

Jantsch, E.: Die Selbstorganisation des Universums, München, 1979

Jung, C. G.: Über die Psychologie des Unbewußten, Zürich, 1943

Jung, C. G.: Gestaltungen des Unbewußten, Zürich, 1950

Jung. C. G.: Welt der Psyche, Zürich, 1954

Kälin, K./Müri, R.: Sich und andere führen, Bern, 1985

Kakuska, R.: Andere Wirklichkeiten, München, 1984

Kaufmann, A. u.a.: Moderne Methoden der Kreativität, München, 1972

Kirsch, W. u.a.: Das Management des geplanten Wandels von Organisationen, Stuttgart, 1979

Kobi, J. M./Wüthrich, H. A.: So beurteilen und gestalten wir die Unternehmenskultur, Management Zeitschrift IO 54 (1985), Nr. 1, Seite 9

Koch, U. u.a.: Organisationsentwicklung, Frankfurt am Main, 1980

Krummenacher, F.: Flexibles Management statt Bürokratie, Zürich, 1985

Lay, R.: Vor uns die Hoffnung, Olten, 1974

Lay, R.: Meditationstechnik für Manager, München, 1976

Leavitt, H. J.: Grundlagen der Führungspsychologie, München, 1974

Lersch, Ph.: Aufbau der Person, München, 1956

Livegood, B. C. J.: Organisationen im Wandel, Bern, 1974

Lutz, R.: Bewußtseins(R)evolution, Basel, 1983

Malik, F.: Die Managementlehre im Lichte moderner Evolutionstheorie, Die Unternehmung (1979), Nr. 4, Seite 303

Malik, F. u.a.: Praxis des systemorientierten Managements, Bern, 1979

Marcus, E.: Die Logik des Unlogischen, Hamburg, 1984

Maslow, A. H.: Motivation and personality, New York, 1954

Matussek, P.: Kreativität als Chance, München, 1974

McGregor, D.: The human side of enterprise, New York, 1966

Meininger, J.: Transcational Analysis, München, 1974

Müri, P.: Ist Kreativität nur eine Sache von Spezialisten? Klöti-Perspektiven, Nr. 5, 1978

Müri, P.: Die Kreativitätskiller, Verkauf und Marketing, (1979) Nr. 3 und in Fopp, L.: Marketing Praxis, St. Gallen, 1985

Müri, P.: Festigen wir die Eckpfeiler der Organisationskultur, Management-Zeitschrift IO 48 (1979) Nr. 4, Seite 169

Müri, P.: Organisationsentwicklung, Die Unternehmung, (1979), Nr. 2, Seite 115

Müri, P.: Kann eine Führungsspitze sich selbst organisieren? Management-Zeitschrift IO 49 (1980) Nr. 11, Seite 530

Müri, P.: Kreative Kräfte: Was hemmt sie und was setzt sie frei? Verkauf und Marketing (1981) Nr. 11, Seite 14

Müri, P.: Der kritische Punkt der Kreativitätsförderung, Management-Zeitschrift IO 51 (1982) Nr. 1, Seite 34

Müri, P.: Von der Entwicklungskosmetik in Einzelaktionen zur brutal-offenen Problemanalyse an Ort und Stelle, Zeitschrift für Management IO 51 (1982) Nr. 5, Seite 187

Müri, P.: Neue Werte und Leitbilder, Zwei verschiedene Führungs-typen, Handelszeitung (1982) Nr. 35, Seite 43

Müri, P.: Psychohygiene für Führungskräfte, in: Jahrbuch für Führungskräfte, 3. Aufgabe, Grafenau, 1982

Müri, P.: Organisationsentwicklung: Anwendungsfeld oder sozial-wissenschaftliche Schule, Zeitschrift für Organisationsentwicklung 2 (1983) Nr. 3, Seite 13

Müri, P.: Das Führungsstil-Etikett als Abwehrstrategie, Gruppen-dynamik 15 (1984) Nr. 1, Seite 29

Müri, P.: Erfolg durch Kreativität, Egg/Zürich, 1984

Müri, P.: Über Kreativität reden ist nicht sehr kreativ, Fabrik-Notizen Walther/Leuenberger, Rüschlikon, 1985

Müri, P.: Unterdrückte Potentialentfaltung, in: Neuberger, O. u.a.: Leistungsträger in der Krise, Hamburg, 1985

Müri, P.: Der Chef im Stress: Der schwierige Mitarbeiter, Verkauf und Marketing (1985) Nr. 3, Seite 25

Müri, P.: Stehen wir am Beginn des Kulturzeitalters? Management-Zeitschrift IO 54 (1985) Nr. 4, Seite 205

Nietzsche, F.: Also sprach Zarathustra, Wiesbaden, o.J.

Ouchi, G. W.: Theorie Z, Reading, Mass,. 1981

Peccei, A.: Das menschliche Dilemma, Wien, 1979

Peccei, A. u.a.: Der Weg ins 21. Jahrhundert, München, 1983

Peters, Th. J./Watermann, R. H.: Auf der Suche nach Spitzenleistun-gen, Landsberg am Lech, 1983

Prigogine, I.: Vom Sein und Werden, München 1979

Prigogine, I./Stengers, I.: Dialog mit der Natur, München, 1981

Popper, K. R.: Objektive Erkenntnis, Hamburg, 1984

Rehn, G.: Modelle der Organisationsentwicklung, Bern, 1979

Richter, H. E.: Lernziel Solidarität, Hamburg, 1974

Robertson, J.: Die lebenswerte Alternative, Frankfurt am Main, 1979

Rogers, C. R.: Die klient-bezogene Gesprächpsychotherapie, München, 1973

Rothacker, E.: Die Schichten der Persönlichkeit, Bonn, 1966

Selvini Palazzoli, M.: Hinter den Kulissen der Organisation, Stuttgart, 1984

Sievers, B.: Organisationsentwicklung als Problem, Stuttgart, 1977

Schlegel, L.: Grundriß der Tiefenpsychologie, Band V: Die Transaktionale Analyse nach Eric Berne und seinen Schülern, München, 1979

Schultz, J. H.: Übungsheft für das autogene Training, Stuttgart, 1952

Schuster, H. G.: Deterministic Chaos, Weinheim, 1984

Sheldrake, R.: Das schöpferische Universum, München, 1983

Sloterdijk, P.: Kritik der zynischen Vernunft, Frankfurt am Main, 1983 (Zwei Bände)

Stevens, J. O.: Die Kunst der Wahrnehmung, München 1975

Tausch, R.: Gesprächpsychotherapie, Göttingen, 1970

v. Ditfurth, H.: Der Geist fiel nicht vom Himmel, München, 1980

v. Ditfurth, H.: Wir sind nicht von dieser Welt, Hamburg, 1981

Vester, F.: Denken, Lernen, Vergessen, Stuttgart, 1975

Vester, F.: Neuland des Denkens, Stuttgart, 1980

Watzlawick, P. u. a.: Menschliche Kommunikation, Bern, 1969

Watzlawick, P.: Wie wirklich ist die Wirklichkeit, München 1976

Walsh, R. N./Vaughan, F.: Psychologie in der Wende, Bern, 1985 (Transpersonale Psychologie)

Weisbach, Ch. u.a.: Zuhören und Verstehen, Hamburg, 1979

Westerlund, G./Sjöstrand, S. E.: Organisationsmythen, Stuttgart, 1981

Zukav, G.: Die tanzenden Wu Li Meister, Hamburg, 1981

REGISTER